正しい本の読み方

橋爪大三郎

講談社現代新書
2447

Methods of Reading Books
HASHIZUME, Daisaburo
Kodansha Co. Ltd., Tokyo 2017 : 09

はじめに

この本を手に取ったあなたへ

この本を手に取ったのは、現役のビジネスパーソンでしょうか。退職世代の皆さんでしょうか。それとも、学生さんかな？

『正しい本の読み方』という書名を見て手を伸ばした、あなた。これは、よい出会いです。

なぜ手を伸ばしたのか、考えてみて。教養、学問、知……。一円にもなりません。でも、なしではまずいような気がする。なぜだろう？

＊

私はこう思います。

それは、「頭の栄養」です。

教養や、知識。そういうものがないと、頭の元気がなくなる。頭の元気がなくなると、私の元気がなくなる。人びとに遅れてしまう気がする。仕事にも勉強にも、差し支えるかもしれない。そういういろいろな不利益がありそうだ。でも、それ以前に、何かまずい気がする。

――こう思って、手を伸ばしたんじゃないですか？

手を伸ばした時点で、もう大丈夫。あなたは、何が必要か、何が足りないか、直観的にわかっているんです。安心してください。

この本には、その先のことも書いてあります。この本を読み終わると、きっと大満足。ああ、読んでよかった、と思えるはずです。そうか、何が欲しかったのか、何が足りなかったのか、どうやれば手に入るのか、わかったぞ！

本を読むということ

この本は、本の読み方の本です。

本は、誰でも読めます。

じゃあ、本の読み方の本が、なぜ必要か。

本が多すぎるからです。本が多すぎて、全部の本を読むわけにはいきません。本を選ばなければなりません。だから、どうやって本を選べばよいか、についての本が必要になるのです。

もっとも、どうやって本を選べばよいか、という本もまた、たくさんあるのです。

そうすると、もはや直感。もはや運命。もはや出会い、の世界です。

講談社現代新書ならば大丈夫、と思った皆さん。たぶん、大丈夫ですよ。橋爪大三郎なら、大丈夫かな……？　はい、たぶん大丈夫。私が保証します（笑）。何だか知らないけど、よさそうな気がした。これがいちばん、当たりかもしれない。

当たりか、外れか。そこを皆さんは、これから楽しみにしてください。

他人に関心を持つ

さて、本は、字で書いてあります。

字は、言葉を写し取ったものです。

写し取る前の言葉は、声です。

声は消えてしまいますが、字は残ります。繰り返して読めます。覚えなくても、字に書いてあれば、「ああ、そうか」とわかります。いまの言葉で言えば、外部記憶です。

本を書いた人が死んでも、本は残る。考えてみれば、これはすごいことです。

だから、本は、ものを考えた昔の人の、死体です。

本を書いたのは、必ずだれか他人です。だから、本を読むとは、他人に関心を持つ、ということなんです。

＊

皆さんは、家族といっしょに暮らしているかもしれませんね。そこで大事なのは、話し言葉です。家族という場所では、喜んだり、悲しんだり、怒ったり、笑ったり、いろいろなことが毎日起こって、それが「生きる」ということです。文字はとくに要りません。

でも皆さんは、家族を生きているほかに、社会を生きています。社会は、いくつもの家族が集まったもので、そこには、まとまりや決まりがあります。文字がなければ、社会は大きすぎて、成り立たないのです。そこで皆さんは、家族のために社会に出て働いたり、その準備のために学んだり、するのではありませんか。

読み、書く技術

皆さんの生活は、家族と社会にまたがっています。

社会を生きていくために必要なのは、文字です。数字や数式の人もいるかもしれない。これを含めて、文字です。社会を生きていく基本的な技術は、書き言葉をきちんと読めること。ちゃんと書けること。これは、学校で学ぶ。簡単なやり方は、小学校で。複雑なやり方は、中学や高校で。プロとしての技術は、その先の専門学校や大学で学ぶけれども、やっていることは全部同じ。書き言葉を、読み、書く技術です。

ほとんどすべての人が、これをうまくできる、これが近代社会です。

だから、近代社会では、教育は必須です。

そして、文字は仕事に使うんですけれど、仕事に使わないことも読んだり、書いたりするんです。文学、芸術、哲学、宗教……直接の収入にはならないけれど、一円にもならないけれど、人生の不可欠な部分がいろいろあるではありませんか。そういうものもみな、元をただせば、書き言葉なんです。

自由に生きていくために

ところで、近代社会が始まった最初のころは、教育が行き届いていなくて、字の読めない人も多かった。じゃあそういう人は、ブルーカラーとして働いていなさい。一部のひとが高等教育を受ければよろしい。こういう時代も長かったのですね。

この時代には、学問とか教養とか、文字を読み書きする知的活動は一部の人びとのものであって、残りの人びとは仲間に入れてもらっていなかった。

現在は、違います。現在は、すべての人びとが、そういった知的活動に開かれている。学問や知は、すべての人びとのためのものになった。さっき「頭の栄養」と言ったのは、そういう意味なのです。

＊

さて、専門の職業のために、文字を読んだり書いたりする人が大勢います。たとえば、簿記の業務とか、司法書士みたいな業務とか、教育の業務とか。

そういう専門の人びとは、それだけやっていればいいか。当面の仕事には、それで差し支えないでしょう。

ところが、世の中は、とても変化が激しいのです。会計ソフトが出てきて、誰もが使えるようになると、簿記の仕事はなくなってしまうかもしれない。そういう具合で、ひと昔前、ふた昔前にあった多くの職業が、消えています。そして、新しい職業がたくさん出てきます。人生のリセットを途中でやらなければいけないひとが、多くなる。

人生のリセットは、どうやるか。今までとはまるで違った専門の本を、いちから読んで勉強し、仕事で使えるようにならなきゃいけない。

まるで分野の違う本を、読みこなす基礎になるのが、普通教育とか、一般教育とかいうものです。普通教育は高等学校の、一般教育は大学のいい方ですね。まあ同じものだと考えてよい。将来、職業に役に立つかわからないけれども、歴史や文学や哲学や経済や、ひと通り勉強しておくんです。

勉強する身になってみると、これ、何の役に立つの、って思います。

先生は言います、試験に出るからね。たしかに試験には出るんですけど、試験のために勉強するのではない。将来の、人生のありうべきリセットのため。自分が近代人として、職業に縛られないで自由に生きていくための保証。これが、一般教育とか、教養とかいうものなのです。

前例のない出来事を考える

そして教養こそは、組織のトップのような、意思決定をする立場になるとよくわかりますが、前例のない出来事が起こったときに、ものごとを決めるのに唯一、参考になるものです。なぜか。前例がないようにみえても、多少似たようなことなら、外国にあったり、過去にあったり、フィクションの中にあったりするからです。

*

そして教養は、人びとがよりよく生きることを支援するものなのです。

補助線として、お金もうけにこだわる人を考えてみましょう。お金は、Aさんがたくさん持っていると、Bさんはそれほど持っていない、ということです。お金は、有限な資源なのだから。そこで、お金にこだわる態度には、根本的に考えて、他者を排除していくということがある。

だけど、文字とか言語とかいうものは、シェアできる。ある人が知識を持っているからと言って、別な誰かが知識を持っていない、ということにはならない。教養は、他者を排除しない。受け入れることができるのです。

さて、社会はどのようにできているか。親が子どもを育てるとか、分業して仕事をするとか、コミュニケーションと協力関係によって成り立っている。自分と他者の関係をよく理解して、お互いを豊かにしていくという構造があるわけです。

だから、何かにこだわりを持つのなら、こうしたコミュニケーションと協力関係を踏まえたほうがいい。この社会の仕組みと調和し、両立するようなこだわりを持ったほうがいい。そういう人は、人びととうまく協力関係を築ける可能性が高く、実り豊かな人生を送るチャンスが高まるんです。

本で学ぶのは、まさにそういうこと。お金にこだわるのは、それに比べると、あまりいい方法ではないな。生活のクオリティ（質）を高めるには、本で学ぶことが大事なんです。

知そのものが、目的になる

学校で学ぶ普通教育や一般教育は、すぐ役に立つかどうかわからない。でも、まわり回って役に立ちますから、身につけたほうがよい。

けれども、これが次の段階に進むと、どうなるか。学問や教養を身につけたり、知に触れたりすること自体が、楽しくなってくる。楽しくて、仕方なくなる。知の楽しみに目覚めると、それ自体が、目的になります。

これ、ある意味では、倒錯です。お金にもならず、家族にも喜ばれず、世の中のために役に立つかどうかわからないのに、なんか本を読んでは、ニタニタしている。変ですよねえ。

でも、そんなことを言えば、音楽を聴いてニタニタしていたり、おいしいものを食べてニタニタしていたりするひともいる。別にいいわけでしょ。それはそれで、人生の一部です。

＊

さて、これは、楽しいからやる、というレベルなんですけど、これがもう一歩進むと、知のプロなる人が出てきます。知のプロの人は、もっと倒錯していて、楽しくなくても、苦しくてもやる。

プロになると、苦しくてもやらないと、他のプロと勝負ができなくなってくるんです。社会にはごく少数ですけど、そんな知のプロがいて、苦しみながら、みんなのために（と言いながら、自分のために）、そういう知的生産をしています。

本を書くのは、こういう人が多い。

楽しみのために読むぶんには、本を書かないでも大丈夫。でも、そこを通り抜けて、自分で本を書くようになると、こういう段階になってしまいます。

＊

さて、この構造を踏まえた、四番目があります。

書き手がどんなふうに苦しみ、どんな手だてを尽くして、この本を書いたのかを、楽しみながら読む。こうなると、プロ並みの、本の読み手です。こういう人は本を書かないかもしれない。たいていの場合、本を書かないんだけど、それでも前より、本をずっと楽しんで読める。

本でなくても、絵画や音楽でも、おんなじです。絵を見て、ただ美しいなあと思うだけじゃなくて、画家のことを考えたりすると、なお楽しめる。絵を描いた経験がちょっとでもあると、違うんです。ジャズでも、誰が演奏に参加しているかとか、どういう変遷のあといまのスタイルになったかとか、知っているとより楽しめる。楽しみ方は、奥が深いんですね。

本も似たようなところがあって、作者の手の内を想像しながら読むと、なお楽しい。ここまで行くと、ほぼ行き止まりです。知を極めたという満足感がえられるかもしれない。

この本を読んだ方は、そこまで行くことを目標にしましょう。

目次

基礎篇

第一章　なぜ本を読むのか

学ぶことは、生きること

さて、そもそも、学ぶとはどういうことなのか。

この疑問から、さっそく、考えてみましょう。

＊

はじめに、押さえておこう。学ぶことと、生きることは、ほぼ同じである。

人間はまずオギャーと、赤ん坊で生まれてくる。

そのあと、どういうことが期待されているかと言うと、自分の身の周りのことが自分でできること。それから、コミュニケーションができること。自分のことを人間だと思い、周りにいるひとを人間だと思い、同類だと思うこと。

そして、とりわけ、言葉を話すこと。誰かが話をすれば、それを聞き、自分も考えたことをのべる。これが、最低限のことです。これを誰もが、期待します。

そのうえで、学校に行けば読み書きを習って、字が読めるようになり、教科書や本が読めるようになる。出会ったこともない人びとのことや、経験をしたこともない世界のことを、本や情報を通じて知るようになる。ものごとの意味や価値も、理解するようになる。

そして、個性あるユニークな人間として、自分らしく生きていくことを始める。これが、人間というものです。

＊

人間とはどういうものか、整理してみよう。

まず、身体を持っている。

身体を持っていない人間はいない。身体は一人にひとつ与えられているもので、一定の性能がある。手があって、足があって、動き回る。息をし、ものを食べ、生理的なプロセスがいろいろある。あと、顔がある。目があって鼻があって、口がある。これは、生きる手段であると同時に、コミュニケーションの手段でもあるわけです。

そして、一人ひとり、（だいたい同じなんだけど）違う。この、一人ひとり違うことを「個別性」という。個別性とは、取り替えがきかないこと。置き換え不可能だということです。ある人にとってみれば、父親も母親も、兄弟も、よく知っている友人も、置き換えは不可能。そうした人びとからみて、自分も同じように、置き換え不可能なものだと、自分で思っている。

＊

さてこの、置き換え不可能な自分は、なぜ、どこがどう、置き換え不可能なんだろう。それは、自分（私）だから、置き換え不可能なのですね。

誰だって、まず自分を自分だと思う。そして、他のひとは他のひとだと思っているから、自分はたった一人しかいない。そういう意味で、置き換え不可能なんだけれど、それだけだったら、内容がない。そうではなくて、置き換え不可能なこの父親、この母親、この兄弟、この家族、この友人、この具体的な世界、この場所、この時代……。そういう、偶然的で、個別的で、置き換え不可能なさまざまな出来事の集積として、とりあえず私は私である。

偶然は、自分の一部なのか

さて、その先。哲学でいう、「自分とは何か、問題」がある。

置き換え不可能な誰それさんとは、なんでしょう、という問題。

たとえば、ジョンという人がいたとする。ジョンを、定義できるか。百科事典みたいにやってみます。ジョンは、△△△年に、どこそこで生まれました。父は誰それ、母は誰それ。○○学校を卒業し、誰それと結婚しました。○○会社に勤めて、こういう仕事をして、ああいう本を書いて、×××年に死にました。とか、書いてある。

なるほど、ですね。

こういうふうに、ジョンの具体的なあり方を残らず列挙して、ジョンをジョンだと特徴づけるというやり方を、ジョンの「確定記述」といいます。みんなもそういうふうに、ジョンのことを認識している。この条件を満たせば、ジョン。この条件を満たさなければ、ジョンじゃない。

＊

さて、ジョンが、一八〇〇年に生まれて一八九〇年に亡くなったとします。ジョンの確定記述にそう書いてあるとする。じゃあ、一八八〇年のジョンは、ジョンか。一八九〇年に死んだジョンは、一八八〇年には、まだ死んでいない。これはジョンなのか。ジョンでしょう。一八九〇年に死んだ、その一〇年前も、ジョンはジョン。ジョンは八〇歳で、あと一〇年して死んだのです。

同じように、一八七〇年のジョンも、一八六〇年のジョンも、ジョンですね。

じゃあ、一八一〇年ならどうか。まだ、小学生ですね。あとで彼を有名にする、社会的活動など全然していない。夏休みには昆虫を追いかけて、野原を遊び回っている。彼は、ジョンか？

ジョンですね。一〇歳のジョンも、ジョン。五歳のジョンも、三歳のジョンも、一歳のジョンも、ジョン。生まれたばかりのジョンも、ジョン。

どういうことか。ジョンをジョンたらしめているはずの確定記述の長いリストの、大部分はなしでも、ジョンはジョンである。

確定記述は、豊かな内容であるようにみえるが、それは、あとから偶然的に、ジョンに付け加わったものだと考えることができる。

ジョンが、たとえば五歳のとき、自動車事故で両脚を切断してしまった。ジョンはジョンでなくなるのか。それでもやっぱり、ジョンですね。実際には交通事故に遭わなかったから、一生、両脚で歩いて、ふつうに生活することができた。それも考えてみると、偶然です。ジョンの性質の大部分は、偶然である。ジョンをジョンたらしめている本質じゃないことになる。

じゃあ、ジョンの絶対の性質って何だろう？　ジョンを、置き換え不可能にしているものとは？

ジョンはジョンと呼ばれる

両親から生まれて、ジョンと名前をつけてもらった。以来、ジョンは、ジョンと呼ばれている。ジョンとして生きている。

「ジョン」みたいに、特定の誰かを呼ぶ名前を、哲学では、「固有名」といいます。

誰もが、固有名で呼ばれます。人間はおおぜいいるから、固有名もいっぱいある。本人を知っていて名前を知らない場合もあるし、名前を聞いたことがあって、本人を知らない場合もある。誰もが名前をもっていることになっている。

固有名で呼ばれているものは、置き換え不可能である、という確信がある。

その根拠はなんだろう、と考えてみると、うまく言うことができない。でもみんな、そう確信しているのである。

すると、ジョンの定義は、同語反復にならざるをえない。ジョンはなぜ、ジョンで、ほかのもので置き換えられないのか。それは、ジョンが置き換えられないと、みんなが思っているから。周りのみんながそう思っているし、ジョンもそう思っている。ジョンとは、みんながジョンだと思っているもののことだ。

＊

ジョンがジョンであることに、根拠がない。

ジョンとは、みんながジョンだと思っているもののことだ。

すると、ジョンの内容は、どんどん変わっていくことができる。一〇歳のときには、ジョンはこんなふうだと、みんなもジョンも思っていた。それが、二〇歳になると、みんなもジョンも、別なふうに思うようになる。見た目も、身体の大きさも、頭のなかみも変わってしまう。性格だって、変化するかもしれない。

でもひとつ大事な点は、二〇歳のジョンは、一〇歳のジョンが連続的に、切れ目なく、大きくなったものだと、周りのみんなもジョンも、思っていることだ。変化は、連続的で切れ目がないから、みんなそのことを気にしない。

このように、ジョンの個性は、まことにあやふやな基礎のうえに成り立っている。

人間はいつもできかけ

ということは、自分は、なにか必然の筋道をたどった、確固とした存在であるように思うんだけれど、実は、あれこれの偶然のきっかけや出来事によって、できあがったのだということだ。

あのとき、あの人と会っていなかったら。あのときあの学校に行かないで、別の学校に行っていたら。あのときあの人と結婚していたら。……などなど、さまざまな偶然のうえに、自分の人生ができあがっているということがわかる。

そのうちあるものは、環境から与えられている。そのうちあるものは、自分が選択している。

＊

選択。

選択には、じつに不思議な性質があって、選択する前はどっちもありだった。でも、選択したあとでは、もう取り返しがつかなくて、その片方になってしまう。そういう選択の積み重ねが、いまの自分をつくっている。

そうすると、一人ひとりの人生は、キャンバスに絵を描いていくような感じですね。はじめは白いキャンバスなんだけれど、そこに図柄を描いていく。基本、いちど描いたら取り消せない。ま、上塗りもできないことはないけれどね。それでだんだん、絵が描けていく。でも、いつでも描きかけなんです。描き終わったときにはそのひとが、いなくなっちゃう。

そういう意味で、人間の個性は、思ったほど根拠がなくて、未来に開かれていて、未完成で、いつでも描きかけの作品のようなものなの。いつもできかけなのです。

できかけで、完成形

さて、いつもできかけということは、逆に言うなら、いつもそれが完成、ということでもある。わかります？　その描きかけのプロセス、できかけのプロセスが、その都度の完成でもある。九〇歳、一〇〇歳になって人生にピリオドが打たれるときが完成で、三〇歳とか五〇歳とかがそのひとの完成ではない、というのはおかしい。どんな年代のひとだってみんな、私は私、という完成形なのです。将来があり、まだまだ発展していけると知りつつ、そのひととして完成してもいる。

この（暫定的な）パーフェクトさをつくっているのは何か。身体がつくっているのではない。その人の経験と、その人の持って生まれた素質、そして、言語がつくっている。

これまでどういう人の話を聞いてきて、これまでどういう本を読んで、これまでどういうことをしゃべって、考えてきたか。いま誰かと出会ったら、どういうことを話して、考えることができるか。これから先、どういうふうに言葉を使って、人びとと関係をつくっていくのか。そのすべてが、その人の個性だと思うのです。

人生のクオリティを高める

ここで奇妙なこと。

言葉は必ず、誰かから習っているのであって、その人だけのユニークな部分は、ほぼゼロなのです。使う言葉も、だいたい辞書に載っているような、決まった意味のものを使うことになっている。文法も、ほかのひとがわかるように言わなければならないから、特に変わったところはない。語彙《ごい》も文法も、そのひとだけの独自なところは、まあ、ないのです。言っているのも、だいたい誰でも言いそうなことばかり。おかえりなさいとか、お風呂にしますか、ごはんにしますか、みたいな。

誰でも言いそうなことばかり毎日言っているのに、なぜ、その人独自のユニークさが現れているのだろう。

自分なりのユニークさがあると思えなければ、自分の人生、どこか行っちゃうと思わない？　ほかの人には絶対できない、自分だけの、譲ることのできない大事な人生がありま す。そう、みんな思っているわけです。

それはたぶん、その、当たり前のなかに宿っている。その人なりの言葉の使い方、ものの考え方、行動のしかた。どう見てもありふれていて、平凡で、繰り返し可能なように見えるんだけれど、でもその人自身にとっては、そして、周りの家族や友人にとっては、やっぱりその人らしくて、独自に思える。その人だからこうだよね、というふうにしか考えられない、個性として受け取られる。

＊

これが人生だとすると、その半分以上は、言葉づかいでできている。

学ぶことは、その人生の、クオリティ（質）を高める。

クオリティを高める。いろいろな意味があるけれど、まず、言葉をつかって、この自分（私）が生きているってどういうことなんだろうと、考えることができる。

そして、その先も考えられる。自分の譲れない自分らしさ。私が大事にしているさまざまな人びと。私とそうした人びととの関係はどういうふうになっているのだろう。自分は相手に何ができて、相手は自分に何をしてくれて、これはどのくらい嬉しいこと、ありがたいことか。その気持ちを表現するには、どうしたらいいか。みたいなことを、いろいろ考えていくことができる。これを考えるのは、言葉なしにはできない。

パターンから学ぶ

こうしたことは、実は、あるパターンの繰り返しなんです。そのパターンの見事なところを、身近な他者から、また本から、学ぶことができる。自分の人生は、ありがちなことの繰り返しなんだけれど、そのパターンを踏まえていればこそ、自分独自のユニークなところをみつけて、味わうことができる。

このように、自分が生きていることの像をしっかり結んで、それとつき合いながら生きていくためには、言葉の能力を高めることが必要。言葉は、人生のありがちなパターンをとらえるようにできているから。そして、言葉以外に、自分をつかまえる方法がないのだから。

＊

人間にとって、自分は自由になるか。

自由になったり、ならなかったりする。

自分のことを、いろいろ自由に決めている、とも言える。朝起きる時間から始まって、何が好きだから食べるとか、たまにはアルコールを飲んでもいいじゃないかとか、あれこれだいたい自分で決めていますね。

でも、自分のことを、全部決めたりはできないでしょう。無意識というものもある。言葉を話すにしても、なにかの価値前提を置いてしまっている。その前提を意識して、取り替えたりすることもできるかもしれないけど、その取り替えにしても、やっぱりある前提によっていたりする。そういう意味で、結局のところ、縛られている。自由にしているようにみえても、自由じゃない。

不自由をつき詰める

じゃあ、自由はないのか。

まず、自分はそもそも、ある不自由さがなければ、存在できない。自分が何にでもなれるのなら、自分の土台が解消してしまう。この時代、この場所に、こんなふうに生まれたということが、不自由です。そんなふうに、自分の特徴をもって生まれたということと、折り合いをつけて、そのことの意味を見つけていくことが大事じゃない？　それを、どこまで深くできるかということが、とりあえず、生きるということである。

では、どうやってその能力を高めるか。言葉づかいの能力を高めるか。

それには、似たようなことを過去にやった誰かの経験を、参照するのがよい。そういうことは、本に書いてある。それをみつけて読めば、学べるのです。

本を読まない人生

学ぶことが人生のクオリティを高めてくれるんだけれど、では、本を読まないひと、学ばないひとは、悪いということになるのか？

それは、とくにどっちがいい、悪い、とかいう問題ではないです。

自分では選べないけれども、その人にとって動かせない前提というのがあったとする。それは、こだわりとか、個性とか言うんですね。いろいろな事情でそうなっちゃってる場合もある。本を読まないと、覚悟を決めているひともいるでしょう。学校に行かないぞと覚悟しているとか。昔は、そんなひとがいっぱいいた。なかなか大変なんだけれど、それはそれで見上げたものです。一生の時間を考えたら、読める本はほんのわずかです。読まない本が九九・九％なら、一〇〇％とほとんど違わないじゃないかと、もう覚悟して、本を読まない人もいる。

なぜこだわるのか

フロイトが、人間のこだわりについて、こんなふうに言っています。

どうしてもお金にこだわって、お金を貯めないと気がすまない、ケチなひとがいる。フロイトの分析によると、それは、幼児のときの育ち方に関係がある。排泄《はいせつ》のしつけのときに、排便の感覚が、貨幣に対する感覚に結びついてしまった。経済行動に、幼時に形成された性格が反映するんだと。だから、本人にはどうしようもないけれど、どうしてもお金にこだわる。そういうこだわりを持っている場合、それ以外のものはどうでもよくなるから、金銭を中心に人生を送ることになる。

はたから見ると、なんでこのひと、こんなにお金にこだわるんだろう。バカだな。もっと世の中には美しいものや、大事なものがいっぱいあるのに、と思えるかもしれない。でも、そう思っていいのかという問題もある。そのひとにとっては、そのこだわりは選べないもので、自分の人格の根幹である。もしもなにかのきっかけで、その価値観を疑うようになったら、人格が壊れて、パニックになるかもしれない。パニックを乗り越えて、つぎの安定した人格になるかもしれないけれども、その人にとっては大変なことだ。

＊

フロイトが正しいかどうかわからないが、つぎのようには言える。

お金にこだわるバカなやつ、と言っているあなた。あなたはお金にこだわらないかもしれないけれど、別ななにかにこだわっているはずだ。そしてそのこだわりには、根拠がない（かもしれない）。それなら、どっちもどっち。無条件で自由に生きられるひとなど、どこにもいないのです。

それなら自分の生き方を、どうつくっていけばいいのか。どう磨いていけばいいのか。

それを導くのが、「本の読み方」なのです。

基礎篇

第二章　どんな本を選べばよいのか

最初に読む本

本は、誰かが書いたものなんですけれど、たいてい、本のかたちになっている。本じゃなくても、手紙とか、日記とか、字を書いてあるものはいっぱいあります。でもそれは、みんなに読んでもらうためのものではない。本屋さんで売っていません。みんなに読んでもらおう、読んでもらってもいいです、というものが本になっているわけです。まあ、大事なものはたいてい本になっている。

そこで、本を買いましょう。

*

さて、どの本を読むか。

はじめに読むのは、親に買ってもらった本です。

最初は、本を選ぶ能力がありません。よって、誰かが選んでくれた本を読む。絵本がそうです。親が買ってくれた。幼稚園や保育園に、たくさんあった。引っ張り出して、読んだ。たくさんあるなかから引っ張り出せば、気が向いたときに、気が向いたものを読める。イモムシの絵がかわいいとか、クマが好きとか、適当な理由で手に取って、読んだり、途中でやめたり、しませんでしたか？

それでいいのです。

絵本の目的は、字が書いてある。字が読める。字を読んだら意味がわかる。でも、字が読めなくても楽しめる。読んでもらってもいい。面白い。楽しい。つまらない。これでパーフェクトなんです。本というものがわかったんだから。

この世界には、本というものがあって、それを読めた。とても重要な出発点です。

＊

そのうち、本が好きな子どもが出てくる。ひらがなを覚えると、日本語の場合、どんどん本が読めてしまう。ふりがなのおかげで、大人の本も読めるのです。

私の知りあいの子は、字なら何でもよむクセがついた。幼稚園なのに、タウン誌の『銀座百点』とか読んでいる。字を読んでる自分が、うれしくて仕方がないのでしょう。

教科書

小学校にあがると、教科書が配られる。

教科書も、自分で選ぶのでなく、ひとから与えられる本ですね。

じゃあ、絵本と同じかというと、みなに同じ本が配られるところが、教科書の特徴。よく考えてみると、不思議です。でもこれは、学校教育の本質だ。学校教育は、全員に同じ本を読ませる、という制度なんです。

＊

学校には、学年というものがあって、簡単なものからだんだん難しいものに、積み上がっていく。一年生で習う漢字をいい加減にしていると、二年生でわからなくなる。一年生の足し算をちゃんとやらないと、引き算や九九の計算がわからない。それぞれの科目はそれぞれの科目で、積み上げになっている。また、国語の勉強が、社会や理科の勉強にも関係があったりする。何年生ならこれぐらいは知っていなさい、と本を使ってコントロールしているわけだ。

これが、すべての人びとが体験している、本の読み方、その二。

この段階では、好き嫌いとか、うれしい、楽しいとかは、二の次ですね。

学校のきまり

それから、学校には、試験がある。

試験の手始めが、宿題です。宿題は、質問でできている。「これこれはなんですか？」みたいな。で、答えを書かなきゃいけない。

答えには、○と×がつく。

算数がいちばん明快で、正解がはっきりしている。国語だってそうで、漢字の書き方とか、読み方とか、ここで主人公はなぜそうしたのですか、みたいな質問にも、正しい答えと間違った答えがある。

＊

私がいまでも覚えているのは、小学校二年生の授業。ネコがネズミをつかまえるのはなぜですか。私の答えは、ネズミはネコのえさだから。不正解でした。私は、正しいと思って自信満々だったのに、バツになってショックだった。だから覚えているんです。なぜバツになったかというと、国語の時間だったから。ネズミもネコも物語の登場人物なので、そのストーリーを踏まえ、ネズミがネコをだましたから、みたいに答えないといけなかった。私の答えは、理科の時間なら正解。国語の時間だと間違いになる。これは、学校のきまりです。

こういう学校のきまりがわからない子が、たくさんいると思う。そうすると、試験をやるたびに、悪い成績になってしまう。そういう子は、自分の考え方に素直なだけなのに。でも教師のほうは、この子は授業について来られない、とか思ってしまう。親までそれにつられて、この子は問題がある、勉強ができない、なんて思ってしまうのですね。

理解してくれる誰か

これだけならまだいい。

問題は、周囲の考えが本人に伝染して、ワタシは問題があるのかも、などと思うようになることです。これが、いちばん有害です。

学校は、こういうことが起こりがちな場所である。

もちろん、学校のきまりには、それなりの理由があって成立しているものもあるから、それに合わせられるなら合わせたほうがいい。でも、そんなことより、本人の考え方がはっきりしている子の場合、少なくとも誰かは、その考え方を理解してあげたほうがいい。

自分が理解されていると思えば、学校のきまりを受け入れてみようか、という心の余裕が生まれてくる。

物語と参考書

さて、このような、それなりにつらい体験もありつつ、学年があがっていく。

そうすると、次の段階として、二種類の本が現れてくる。

ひとつは、楽しくて読む本。物語ですね。青い鳥文庫とか、いっぱいあるでしょう。

もうひとつは、学習参考書。あと、ドリルに問題集。教科書だけではなかなか勉強がはかどらないので、参考書で勉強しなさい。問題集もやりなさい、ですね。

これも小学生の現実で、両方あるわけです。参考書はおおむね、面白くない。物語はおおむね、面白いんです。面白いように書いてあるんだから。こういうものを読めば読むほど、学校の勉強はやりやすくなる。

大人との接点

もうひとつ、大きいものとして、マンガがある。

マンガは、小学生のあいだではとても存在が大きいと思う。テレビやゲームも大きいんだけど、テレビやゲームは字の要素が小さい。マンガはそれなりに字の要素が大きい。だから、本の一種である。

物語もマンガも共通するのは、読まなくてもなんとかなる。たくさん読んでも怒られない。マンガは読みすぎると怒られるかもしれないけれど、それは、マンガがいけないからじゃなくて、ほかのことをやらなくなるからだな。

＊

こうやって小学生は、まず、語彙が増える。言葉の数が増えて、言いたいことがより豊かに言えるようになる。

言葉は、大人の世界とのインターフェース（つながり）なのです。だから、家族や大人の人びとの中での自分の立ち位置とか、学校の外でどういうふうに自分がほかのひとと関わるかとか、新聞やニュースを見たりとか、そういう社会との接点を持つ能力を、拡げていくことができる。

教科書がなくなる

中学も、教科書がある。高校も、教科書がある。大学も、教科書がある、いちおう。でも、教科書以外に、読むべき本が増えてくる。

大学では、教科書の比重が小さくなります。とる講義によって、教科書が違う。そもそも教科書がない場合もある。自分で読みなさいと言われる本（課題図書）が増える。そればかりになるかもしれない。

学校を卒業してしまえば、もう、教科書はない。課題図書を指定されることもない。そして、今日に至る。

＊

教科書がない。何を読んだらいいか、決まっていないんです。

親が買ってくれるわけではない。自分で買う。自分で借りる。何を買って、何を借りるか、一般的な答えはない。

一般的な答えはないんだから、間違いというものもない。どんな本を読んでもかまわない。誰にも読まれない本って、世の中にないわけだから、どんな本でも、必ず誰かが読んでいる。

*

でも、読んでみて、ああ失敗したな、と思うこともあるでしょう。つまらなかった。役に立たなかった。高すぎた。……そういうことは、できれば避けたい。

そこで教えましょう。本の選び方。

本のネットワーク

まず、本は、単独で存在していない。

大事な点ですね。

*

これは、人間が単独で存在していないのと、ちょっと似ている。

人間は、ひとり歩きしているように見えても、親がいるでしょ。きょうだいがいるでしょ。おじいさんがいて、おばあさんがいて、親戚がいて、血のつながりがあって、ネットワークを作っている。その一人がいる、ということなんです。

本も同じ。

本には、本を生み出した、別な本があるんです。その本を生み出した、また別な本もあります。それから、同時に生み出されたきょうだいの本もあるわけ。

本は、そうやってつながっていて、ネットワークを作っているんですね。

＊

本は、ネットワークをつくっている。

だから、その、本のネットワークの構造がわかれば、読むべき本をうまく選ぶことができる。ネットワークの節目になる本を読めばよくて、そのほかの本は、中抜きができる。

つまり、読まなくてよい。

このことにまず、気がつかないとダメですね。

本から本ができる

さて、何でこういうネットワークができるのか。

それは、本の書き手は、本の読み手でもあるから。

本を一冊も読まないで本を書く人は、とても稀《まれ》。まず、存在しないと思います。

たいていのひとは、必ずなにかの本を読んで、それから、本を書く。著者がその本を書いたのか、あるいは、著者が読んだ過去の本がその本を生み出したのか。どちらとも言えるわけです。

これが、本のネットワークのでき方です。

＊

本を読んでから本を書くまでには、時間がかかる。

そして、この方向は不可逆です。昔の本を読んで新しい本を書くことはできるが、新しい本を読んで、昔の本を書くことはできない。本はちょうど、人間がつぎつぎ世代交代していくように、だんだん新しい時代に向かって進んでいくものなのです。

そうすると、新しい本を読めばいいのか、それとも、古い本を読めばいいのか、という問題も起こる。これも、ひとつのポイントですね。

＊

さて、ここまでの一般論に加えて、もうひとつ、細かい一般論を言います。

同じ本は、ない。決して。すべての本は違っている。

これは、なぜかというと、本を書くひとが、読んだ本と違った新しい本を書こうと必ず思っているからです。同じ本は存在する理由がないし、存在してはいけない。

すでに存在する本と、まったく同じ本を書き写す、という場合もある。これは、「写本」という。昔はそういうやり方で、同じ本を何冊もつくった。書き写しているひとは、本を書いているようにみえても、実は写しているだけ。著者ではない。

さて、こうした一般論を踏まえて、読むべき本を考えていこう。

読むべき本

読むべき本、その一。教科書。

教科書はさっき、話が出ました。

教科書は、どこかの誰かが読むべきだと決めて、指定しているわけだから、これは読まなければならない。何回も読んで、マスターしなくちゃいけない。本としては、別格なんですね。

でもこれは、小学校、中学校、高校でのやり方。本の選び方としては、もう選ばれてしまいました、ですから、番外篇ですね。

*

でも、教科書は、これから本を選ぶときの前提になる。

教科書の本質は、「二次創作」であるということです。

教科書の編集者という人がいて、元になるいろんな本を「切った貼った」して、授業時間にちょうどよい長さになるように編集する。教科書の特徴は、著者の意見が入っていなくていいこと。むしろ入っていないほうがいい。ふつうの本と違うんです。だって「二次創作」（＝パクリ）なんだから。

中学の幾何

例をあげよう。

中学校の数学で、幾何を習う。

幾何は、ユークリッドの『幾何原本』のパクリです。だって、同じことが書いてあるんだから。

たとえば、「二等辺三角形の、両底角が等しい」ことの証明。

納得がいきませんでしたね、私は。二等辺三角形の、両底角が等しい。当たり前じゃないか。当たり前のことを、なぜ「証明」するのか。バッカじゃないの、時間のムダだ。

でもそれは、学校のきまりですね。

＊

ユークリッドの『幾何原本』の言っていることは何か。

二等辺三角形の、両底角が等しいとか、二角挟辺の等しい三角形は、合同だとか、ピタゴラスの定理とか、いろいろなことがある。そうした無数の知識があるけれど、その知識の全体を、どれだけ単純な前提（公理）に還元できるか、と考える。単純な前提から正しい結論を導く手続きを、「証明」とよぶ。証明できることを、「定理」とよぶ。そうしたら、幾何学の知識の全体が、結局、たった五つの公理に還元できた。——という、いちおうすごい本なのです。

そのすごい本を、まる一冊読んでしまうのも大変なので、そのサワリの部分を選んで、中学一年生、二年生に教える。簡単な証明なら、君たちもできるでしょ。証明の実例を、真似しなさい、という話なんです。そこで、証明の真似事をやってみる。

これが、幾何のポイント。

幾何こそ学問のモデル

なぜ幾何が、そんなに大事か。

ヨーロッパでは、ギリシャの昔からデカルトのころまで、数学といえば幾何学。幾何学は、高等教育だったのです。学校で教えるいちばん難しいことだった。

デカルトが、幾何学と代数学を結びつけて、近代数学の扉を開いてから、微分や積分がようやく主役になった。でも、学問の伝統なのだから、中学校ではまず、幾何を学びましょう。そういう習慣が、いまも残っているのです。

幾何がすぐ、人びとに役に立つかというと、疑問ではある。疑問なんだけれど、これをなくせばよい、というわけでもない。教育には連続性がある。こんな「当たり前」なことを教えるなんて、と思った私が、浅はかだった。

＊

教科書には、当たり前なことだけ書いてある。

教科書に書いてあることは、正しい。

正しいことは、暗記しなさい。自分の考えをそこにさし挟んではいけない。

――これが、高等学校までの学校教育のスタイルなわけです。これぐらい有害なものはないかもしれない。

あまのじゃくを忘れない

すべての本は、間違っている可能性がある。

そう思わなければだめ。なぜか。

あるひとが書いたものだから。あるひとの考えだから、です。

教科書も、本である限り、同じこと。教科書会社が正しさを保証してくれたりしない。

＊

よって、本を読むときには、本は間違っているかも、という前提で読まなければならない。高等学校までのくせで、本は正しい、という前提で読むと大変なことになる。なぜって、本を何冊か読めばわかるが、Ａの本とＢの本では、矛盾したことが書いてある。両方とも正しいはずがない。ことによると、両方とも間違っているかもしれない。

――ということを考えつつ読むのが、本を読む場合のポイントなんです。その態度が、高等学校までをうかうか過ごしていると、破壊されてしまう。

さっきの話の例で言えば、国語の時間に、ネズミはネコのえさだから、と言ったそこのキミ。そのことを忘れてはいけない、大人になっても。中学の幾何の時間に、二等辺三角形の両底角は等しい、当たり前じゃないか、と思ったキミ。そのことを、高等学校になっても、大人になっても、忘れてはいけない。

＊

学校は、考え方のきまりやしきたりを教える。きまりに従わないと、試験でいい点は取れないし、上の学校にも行けない。だから、ふつうの常識ある子は、みんなそれに従うんだけれど、それは決して悪いことじゃない。それでよろしい。けれども同時に、頭のどこかに、学校のきまりはおかしいよ、って思う、あまのじゃく君を飼っておかなければならない。大人になって役に立つのはその、あまのじゃく君のほうなのだから。

クラシックスを読む

さて、教科書を卒業したら、大事な本のジャンルに、クラシックスというのがある。

クラシックスとは、「古典」ともいう。みんなが読むことになっている、定番の本のことです。

＊

クラシックスの特徴、その1。古い。

クラシックスには文字どおり、うんと古い本もある。比較的最近のクラシックスだってある。書かれた時期が古いかどうかは、じつは本質的ではない。

＊

クラシックスの特徴、その2。みんなが読む。

みんなが読むのだけれど、文字どおりに考えてはいけない。

たとえば、ユークリッドの『幾何原本』はれっきとした、クラシックス中のクラシックス。でも、読んでいないよ。と言うかもしれない。たしかに、『幾何原本』を読んだひとは少ない。でも、数学の教科書を読んだひとは、「間接的に」読んでいるんです。間接的に読むことまで入れれば、ほとんどすべての人びとは、『幾何原本』を読んでいるわけ。つまり立派なクラシックスである。

同じように、難しすぎたり、いろんな理由で読めない本は世の中にいっぱいあるんだけれども、そういう本のなかで、大事な本だからと、それを誰かが読んで、その読んだひとの書いた本をまた誰かが読んで、その読んだひとの書いた本を読んだひとの書いた本をまた誰かが読んで……というぐあいに、間接的にほんとに多くの人びとが読んでいる本がある。だから、クラシックス。

クラシックスは、原典を読むに越したことはないんだが、なかなか読みにくい。ひとつは、時代の問題。昔の言葉で書いてあったりする。もうひとつは、言語の問題。外国の言葉で書いてあったりする。

＊

クラシックスの特徴、その3。とっても大事な、あることがらを、世界で最初に書いた本である。

有名どころを例にあげれば、たとえば、ニュートンの『プリンキピア』。万有引力の法則は、この本で最初に明らかになった。

世界で最初にある大事なことを思いついたひとは、そのことの重大性をよく理解しているかと言うと、よく理解していない場合もある。著者本人が、ことの重大性をよく理解していないので、本の隅のほうに少しだけ書いてあったりする。本の残りの部分は、どうでもよいことばかり、なんてよくある。だから、クラシックスの原典をいきなり読むのは、相当の冒険で、これはプロに任せておいたほうがいいかもしれない。

入門書はすごい

でも、原典を読まなくてもいいけれど、世の中にはクラシックスというものがあって、それはこの本とこの本で、そのおおよその内容はこれこれ、と知っていないといけない。さもないと、本のシステム（相互関係）が、わからなくなる。

じゃあ、どうしたらいいかと言うと、この「本のシステム」について書いてある、本がある。これは、便利。これが、入門書というやつだ。

＊

入門書は、時代を追って、繰り返し、繰り返し書かれている。だからいまも、書店に並んでいる。たとえば「講談社現代新書」は、入門書がごっそり入っていたりする。入門書のほかにも、実用書とか、時事トピックとか、いろんなジャンルの本があると思うんですけれど、入門書もそれなりに多い。

*

その入門書に何が書いてあるかというと、クラシックスの系統樹のダイジェスト。これが最初の古典で、これが次の古典で、これがその次の古典で、そこからこういう本とこういう本が書かれて、全体としていま、こうなっています、という見取りが書いてある。

これは、一冊読むと、一〇〇冊読んだような効果がある。入門書はすごい。よって、入門書をなるべくたくさん読むべき。高校生や大学生の本棚には、講談社現代新書がずらっと並んでいなければならない。

においと評判

ただし、問題もある。

入門書を書くのは誰か個人だから、間違っていることがある。

間違っていなくても、下手な場合がある。大事な古典が抜けている。大事でない本が入っている。本と本の関係をつかみそこなっている。センスが悪かったりする。

こういうのは入門書として、失格なわけ。

この本は、入門書として失格だということを、その本を読んだひとが発見できるか。本を読み始めた駆け出しのうちは、困難だ。

じゃあ、どうする。

＊

ここで参考になるのは、なんとはなしの、におい。著者が自信たっぷりか、おっかなびっくりか、とか。読後のスッキリ感とモヤモヤ感、とか。そういう、説明しにくい何か、ね。これがひとつ。

もうひとつは、評判。

大勢のひとが読む本は、その内容に問題があったりした場合、それが露見する可能性が高い。少部数の本は、必ずしもこうは行かないんだが、部数が多い本は、そうだろう。だから、刊行されてからずいぶん時間が経っていて、なお評判がいい本は、入門書として成功している可能性が高い。そういうものを読むのがいい。

＊

以上が、入門書の選び方。わかりましたね。

私の読書体験

じゃあ、私自身は、どんなふうに本を読んできたのか。

高校二年の夏休みに、自由参加の夏期講習があって、現代国語の授業もあった。教科書と参考書に指定されたのが、担当の教諭の趣味だと思うが、中村光夫の『小説入門』と、伊藤整の『小説の方法』。どちらも文庫本だが、高校生にしては、難しめで、特に伊藤整の文章は難解だ。教室では主に中村光夫の『小説入門』を読んだのだが、伊藤整の『小説の方法』の最初のところには、読者がよむべき「近代小説のリスト」なるものが載っていた、五〇冊ぐらい。

なるほど、こういう本を読まなきゃいけないのか。

*

一冊目は、セルバンテスの『ドン・キホーテ』だった。子ども向けの本で、何度か読んだことがあった。あらすじなら知っているぞ。そこでさっそく、セルバンテスの『ドン・キホーテ』を買いに行ったら、一冊だと思ったのに、文庫本で数冊もあって、とても長いのね。

それで読んでいくと、何か知らないがヘンだな。ちっとも小説らしくない。時代もおかしいし、それから、主人公が精神異常を疑われるような奇怪な人物で、なかみは妄想の世界で。ドルシネア姫が、なかなか出てこない。飛ばし読みする、なんていう知恵はまだなかったから、わからなくても我慢して、順番に読んで行った。

読んでいるうちに、わかったことは、子ども向けの『ドン・キホーテ』と、ほんものの『ドン・キホーテ』は、まるで別ものであること。そして、面白いとは限らないこと。あとでわかったことだが、『ドン・キホーテ』は、世界でもごく初期の小説だったらしいので、いまわれわれに馴染みのある小説と似ていなくても仕方ないのだった。

＊

そのあともリストに従って、『赤と黒』とか『ボヴァリー夫人』とか『罪と罰』とか、『トム・ジョーンズ』とか『狭き門』とか、順番に読んで行った。適切な選択だったのか知らないけれど、とにかくどれか入門書を、真に受けないとね。

あと、昔は、『日本文学全集』とか『世界名作全集』みたいな、全集ものがいろいろ出ていた。これが便利で、有名どころの作家の代表作が揃っていて、解説まで載っている。しかも、値段が割安。本棚の場所をとるというので、いまは人気がなくなり、古書店に行けば激安で売っている。文学の場合、こういうのを買うのが、すごく早道かも。

自分なりの旅が始まる

さて、いつまでも入門書を読んでいるわけにはいかない。

入門書は、それなりにその道に熟達していないと書けない。そこで、優れた入門書は、守備範囲を限定しているものなのです。たとえば、現代生物学とか、量子力学とか言っても、範囲がとても広い。そこで、分野ごとに、ものすごい数の入門書が書かれることになる。これを全部読むのは大変だ。

だから、適当なところで切り上げる。

そのあとは、興味に従って、なんとなくそういう分野を知らないなとか、苦手な気がするとか、さっき読んだ本と関係ありそうだから読んでみようとか、というふうに、本を選んでいけばよい。続かなくて、そのままになってしまうエリアもある。掘り下げて、その先に進もうと思えるエリアもある。こういうふうにしないと本は読めないから、それでいいのです。

そして、どのエリアを掘り下げていくかを決めて、自分なりの旅が始まる。

読むべき本のヒント

自分なりの旅の始め方。

入門書に出てきた、重要そうな本を買って読んでみる。ブックガイドが付いている場合もあるんですね。

ブックガイドが付いていなくても、ちゃんと読めば、ブックガイドが付いているのと同じように読める。なぜか。引用、参照があるからです。

引用とは、ほかの本の一部をカット＆ペーストして、本文に貼り付けてあること。参照とは、著者や本の名前やページ数などが書いてあること。すでに存在する本との関係を、新しい本の著者が宣言しているのです。

＊

読む値打ちのある本かどうか、判断の手がかりになるのは、著者のクセ。

著者には、自分の考えがあり、好き嫌いがある。

著者が本のなかで、別の誰かをほめている。これは、最大の敬意の表し方です。

引用したり、参照したりする。これも、著者が、その本を、評価しているということです。引用した著者も、引用された著者も、二人とも間違ってるかもしれないよ。でも、二人とも正しい可能性もある。少なくとも、この本の著者が引用した本の著者を評価していることは、伝わってくる。

＊

ほめるのではない、敬意の表し方。批判する。

ある本の著者が、別な本を、批判する。ここがダメ、あそこが不十分だと指摘する。これはふつう、「ネガティヴ」な表現と受け取られます。でも、批判するのは、関心を持っているからです。読むに値する、と考えているということです。

ある本が、別な本を批判していたら、ああ、その本を評価しているのだな、と「ポジティヴ」に受け取ってください。

＊

さて、いちばん「ネガティヴ」なのは、無視する。

本や論文が書かれていても、それがまったく存在しないかのように扱う。批判しない。言及しない、参照しない、引用しない。これがアカデミア（学術界）での、最もネガティヴな態度表明です。

このことを知っていると、同時代の著者と著者の関係が、透けてみえる。

似たようなことを研究していて、わりに近いテーマで本や論文を書いているのに、ある著者がもうひとりの著者にまるで言及しない場合は、その著者を評価できないと思っている証拠です。お互い言及しない場合には、互いに相当険悪な間柄かもしれない（あるいは、単に互いに知らないだけかもしれない）。

＊

たとえば、近代経済学の学者に、サミュエルソンというひとがいた。サミュエルソンの論文集をみると、マルクスをテーマにした論文がある。サミュエルソンは近代経済学者だったけれど、マルクスについて二本も論文を書いている。この論文から、マルクスに対する敬意がわかりますね。

ふつうの近代経済学の学者は、マルクスについて論文なんか書きません。仲間から、何だあいつは、と言われそうだ。怖くて書けない。

*

まあともかく、こういうことを手がかりにしつつ、あとは試行錯誤で、ある著者を追いかけて単行本を読み、場合によって論文を読み、関連する別の著者を追いかけて雑誌記事を読み、みたいに、自分なりの道をかき分けて進んでいくんだけど、これには相当手間ひまがかかる。

よい友人を見つける

最後におススメは、よい友人。これがとても大事。

よい友人とは、一緒に飲みに行く間柄、という意味ではない。本について話し合い、本について教えてくれる友人。本のことを話題にするのをためらわないひと。

その友人も試行錯誤しながら、たくさんの本を読んでいるはず。感心した本もあれば感心しない本もあり、失敗したと思った本も、敵意を抱いた本もあるはず。その友人が「面白いからぜひ読め」と勧めてくれて、一回読んだらたしかに面白かったたし、二回読んでも面白かった。つまり、信頼できるソースである場合には、彼（女）はあなたの宝物だ。

＊

友人は大事。一人で探索しているより二人で探索したほうが、五人で探索したほうが、ずっと広いエリアをカバーできる。重要な本が引っかかる可能性が高い。だからこういう友人を五人、一〇人と持っていることは、非常に重要だ。

いい友達だったら、一〇冊読んだ中で、いちばんいい本を教えてくれているはず。友達が五人いたら、五〇冊の本の中から五冊の情報が入ってくる。すごく効率的です。読んでみなくても、友人はもう読んでるわけだから。

友人の情報は、ネットの情報に比べて、ずっと信頼性が高い。友人が読み手としてしっかりしているという信頼があるのだから、彼（女）の感想は参考になる。

しかも、自分とはテイストがちょっと違っている、というところが役に立つ。たいていの友人は、テイストが互いに違っているから、そこは心配しなくても大丈夫です。

＊

だけど、友人を持つのは難しい。

学者仲間では、みんな同業だから、こういう間柄は自然に起こる。けれども、一般読者同士の場合は、読書サークルでもつくらない限り、なかなかこういう関係をつくるのは難しい。

ならば、友人がいないひとは、どこかの読書サークルに入ればいい。適当なサークルがなければ、自分でつくればいい。ほとんどお金がかからないわけだから、退職世代の人びとには、うってつけじゃないかと思います。

読書会があった

私の大学時代は、読書会がたくさんあった。

大学一年の語学クラスの、後ろの黒板には、『経哲草稿』読書会、△日×時、とか書いてあった。純粋に同級生が、本でも読もうぜ、と呼びかけるのもあるし、読書会のかたちを借りた、新入生の歓迎イベントもあったかもしれない。

一年生向け読書会に、名前があがっているような本は、読書会に入らなくたって、読んでないと話にならない。片っ端から読まなきゃいけない。大学一年のときに読んでいたのは、七～八割がたはマルクス主義の本だな。当時の時代背景もあったと思うんだけど、みんな、そうしたものだった。

＊

さて、それとはまた別系統の人びとが少数だがいて、そういう人びとは、ありとあらゆる先端的なものを読んでいた。

まず、文学の古典。ドストエフスキー。カフカ。ジョイス。ランボー。ブランショ。ロートレアモン。カミュ。……みたいな重量級ばかりだ。それもただ、読みました、じゃなくて、主人公があのときこうしたのは、とか、あそこの議論がこうなのはこうだからだ、とか、そういう話題が会話のなかを飛び交っている。やたら詳しい。

思想書としては、フロイトを読まないといけない、ニーチェを読まないといけない、ヘーゲル、キルケゴール、サルトル……を読まないといけない、読んでいないと、話について行けない。

そういう人びとには、まったく太刀打ちできなかったので、私は黙って聞いていた。

読書会のマナー

さて、読書会に行くには、必ず本を買って、読んで行くこと。それから、黙っていないで、せめて一回は発言すること。これが、マナーだ。

自分の発言が見当はずれだったり、バカっぽかったらどうしようとか、そういうことは気にしない。もしもバカっぽかったら、どう格好をつけようとどうせ、バカっぽいのはまる見えなのだから。

＊

社会学者の宮台真司さんが、どこかに書いていた。彼が学部生のときに、私が出ていた研究会（言語研究会という）にやってきたんだって。で、そこでの発言が一〇％しか理解できなかった。そりゃそうだろ、大学院の研究会に学部の学生が出てるんだから。

それで、私は覚えていないんだが、宮台さんが私に、「全然わからないですけど、どうしたらいいですか」って質問したんだって。それで私が何て答えたかというと、「わかったふりをして、しばらく出てみなさい。そのうちわかるようになるから」。

それで、宮台さんは、続けて出ることにした。やがて、研究会でいちばん多く発言し、いちばんたくさん発表をし、とても精力的なメンバーになっていた。

ベストセラーは買いか

本の選び方の話に戻ろう。

いまの時代、友人ではなく、ネットの評価に左右されてしまうことも多い。私の本にも、ネットの評判が悪いのがあって、それを見て読むのをやめる人が多いみたい（笑）。

＊

「一般的によい」本なんて、ないのです。

食品なら、タンパク質は△グラム、脂質は×グラム、ビタミンは□ミリグラム、みたいに表示して、健康にいい、わるい、の目印にすることができる。

本の場合、それにあたるものはない。ある人にとってすばらしい本が、隣の人にとってまったく興味を引かないということがありがちだし、実際にある。よって、いいか悪いかを決めるのは自分で、ほかの誰かではない。

＊

じゃあ、友人の推薦っていうのが意味がないか。

でもね、誰が見てもダメな本、というのがやっぱり世の中にはある。それから、誰が見てもそれなりの本、というのもある。そして、人により判断が分かれる本もある。

その微妙なところを、やはり友人からの情報は、伝えてくれるのですね。誰が伝えてくれているのか、の情報もあるから、友人の推薦はなお参考になる。

＊

ネットの評価の良くないところ。フェイスブックなどで「いいね！」に一喜一憂しているレヴェルだと、本当の友だちの反応じゃないから、信頼できない。

あと、アマゾンや本のサイトで、☆の数で、３・６みたいに数値になっているけれど、あれもよくない。無責任に極端な評価をつけるひとがいると、数字がそっちに引っ張られてしまう。

「いいね！」も☆いくつも、本の論理と合ってない。

*

書店で、これが話題の本です、ベストセラーです、と平積みになっている本がある。

私は、いまどんな本がベストセラーなのかは、いちおう気にするけれど、でも読むことはほとんどないですね。やはり、友人の評判のほうを参考にする。「あれ、読んだ？」みたいな。

ベストセラーには、そんなにいい本はない。よって、ベストセラーをスルーしても、そんなに実害がない。

ベストセラーだから、買う。これは最悪。

ベストセラーを買うのは、最悪ではない。いいですか。ベストセラーだから買う、が最悪です。

*

本は頭の栄養であって、頭のファッションではない。

ほかのひとに見せるために読むわけでもない。それは、雑念、邪念です。

そういうことは一切なしにして、純粋にその本と関係をもつ。それが、その本に対する礼儀ですね。

基礎篇

第三章　どのように本を読めばよいのか

すなおに読む

すなおに読む。ともかく、素直に読む。

読み方の、基本です。

＊

素直《すなお》とは、どういうことか。

著者は、読み手である私のことを、知りません。著者はこの、私のために書いているわけじゃない。著者は、言いたいことがあって、それをうまく言おうと、言葉を選んで書いているだけ。その著者が、何を言いたいのか、読み取る。注意ぶかく読み取る。丁寧に読み取る。謙虚に読み取る。しっかり読み取る。

これが、必要かつ十分なことで、それ以外のよけいなことを考えてはいけない。

たとえば、私はその著者が、好きとか嫌いとか。読み終わってから、好きになったり、嫌いになったりしてもかまわない。でも、読んでいる最中に、好きになったり、嫌いになったりしてはいけない。

著者の意見に、賛成か反対か。読み終わった後では、賛成しても反対してもいい。けれど、読んでいる最中に、賛成したり反対したりしてはいけない。それは、賛成とか反対とか、そんな気持ちや意見は出てきますよ。そうしたら、それは脇に置いておく。

感情と予断

私の態度と、著者の表現行為は、独立なのです。

著者の表現行為を、過不足なく受けとめる。それが、「読む」ということです。

簡単なことなんだけど、簡単にできるとは限らない。邪魔ものが、いくつかある。

＊

まず、自分の感情。

本は、感情を呼び起こす。

感情が豊かに沸き起こるのは、よいことです。とくに、文学作品の場合は、そう。でも、作品と無関係な、自分の感情を本にぶつけるのは、とっても害がある。絵画を鑑賞するのに、自分の絵の具をぶちまけるようなもので、作品が台なしになってしまう。

＊

つぎに、自分の予断。

こうじゃないか、ああじゃないか、と決めつけるのは有害このうえない。

もちろん、予備知識は必要です。たとえば、ウクライナの地名が出てきた。ああ、これは昔、ソ連の一部で、いまロシアと揉《も》めているな。そういう予備知識は、本を理解する前提になるし、あったほうがいい。

でもそれは、予断とは違う。

ウクライナと聞いて、たぶんクリミア戦争に反対だから、著者はこういう話をしているんじゃないかと、書いてないのに決めつけてしまう。これ、害になる。

害になるのは、著者と正面から向き合えないから、ですね。

＊

だから、素直に読む。

素直であればあるほど、いい。と言うか、素直でなかったら、本は読めない。必ず読み間違えてしまいます。

読むとは、デッサンのようなもの

だから、読むのにも、練習が必要です。

読むことは、誰だってできる。でも自己流ではいけない。変な癖をつけてはいけない。すなおに読む。

これは、基礎練習なのだからね、と自分に言い聞かせる。

なぜか。言葉には意味があるからです。

言葉を書けば、意味が書かれます。言葉を読めば、意味が理解できます。意味が伝わります。

でもその、意味の基礎はあやふやです。もろいものなのです。

著者は、本を書く。著者の表現行為は、数ある言葉の中からこの言葉を選んで、並べているわけです。過不足ない意味が、そこにこめられている。それをちょうど過不足なく、取り出す。それが最初にやるべきことです。それ以外の作業は、そのあとでやる。

過不足なく意味を取り出す作業が間違っていたら、その後の作業もみな、間違ってしまう。台なしになってしまう。これは避けたい。

＊

読むという作業は、絵でたとえると、デッサンみたいなもの。いきなり絵は描けない。誰でも、デッサンを練習する。デッサンは対象をとらえて、輪郭を描くでしょう。デッサンを踏まえて、その上に、色を塗っていくわけです。

デッサンは、画用紙に鉛筆かチャコールがあれば、すぐできるでしょう。目があって手があれば、誰だってできそうだ。

でも、やってみればわかるが、簡単じゃない。絵の中で、デッサンがいちばん難しい、と言うひともいるぐらい。

いいデッサンや正しいデッサンは、あるとしても、あらかじめあるわけじゃない。努力して手を動かすと、ようやくそこに現れてくる。いい読解や素直な読解も、あるかもしれないけれど、やってみないと、それがあったことにはならない。

ここまでが、一般論ですね。

テキストの構造

では、もう少し具体的に、考えていきましょう。

テキストに意味があるのは、どのようにか。

意味は、構造をそなえているのです。

まず、文の構造。主語があって述語があって、意味はそれなりに複雑な構造を持っている。その文が並んでいくと、段落になって、あるまとまった思想を表現する。それがさらに、節になったり、章になったり、かなり立体的な構造を持てるわけです。

これが、テキスト。それを順番に読んでいきながら、だんだん、そのテキストの高度な構造が、頭の中に描かれていく。それを理解し、味わいながら、本を読んでいく。

ふつう、読むスピードは、それなりに速いでしょ。声を出して読み上げる場合のスピードより速いスピードで、読んでいるひともいると思う。と言うか、たいていのひとは読み上げるスピードよりも、目で読むスピードのほうが速いですね。

だから、けっこう頭には負荷がかかる。

＊

書いてないこと

書いてあることを読む。これは初歩の読み方だ。

書いてないことを読むのが、ちょっと上級の読み方。

これは、行間を読むのとはちょっと違う。

著者は、いろんな可能性があるのだけれど、その中でこのことを、選んで書いている。そこに選択があるんです。選択とは、これを書くと決め、同時に、これを書かないと決めること。だから実は、書かないことだらけです。

大事なことなのに書いてない。うっかり書いてないのかもしれない。フロイト的な意味で、抑圧がかかっているかもしれない。本人が意識していなくてね。あるいは本人が意図的に書かないことにしているのかもしれない。理由はわからないけれど、テキストって必ずそういう二重性、ポジとネガを持っているわけです。

論理・定義・前提

それを踏まえて。

サイエンス（自然科学）とか、ソーシャル・サイエンス（社会科学）とか、そういう知的な構造物の場合、その中心になるのは、論理です。論理を使い、論理に従って書かれている。

論理のモデルは、数学なんです。

数学を思い出してみると、まず、議論を始める前提としての言葉の約束、定義がある。定義が明示してある場合が多い。新しく出てくる言葉の数だけ、定義がある。

つぎに、前提がある。

前提とは、その本の中では解決されないで、所与として与えられていて、そこから議論が始まるものですね。数学なら公理。本だったら、前提とか仮説とかよばれる。

たとえば、よくある前提。「人間は平等です」とか、「自由は尊いです」とか、「人権は大事です」とか。そういうことは、この本のテーマじゃないからまったく書いてない。けれど、著者はそう確信していて、それを前提に、議論がのべられている。

親切な著者は、その前提を、本の最初に書いてくれています。私は自由主義者で、ヒューマニストで、だから人権が大事ですよ。さあ、そういう前提で議論を始めましょう、って。でも、そういう本は少ない。

少ないのは、もしそれをやると、それだけで何ページも使ってしまうというのがひとつの理由。

もうひとつの理由は、著者が自分の前提に自覚的でない、必ずしも。ここが数学と違うところで、数学は必ず自分の前提に自覚的です（じゃなければ、証明ができません）。ところが、論理的なつもりの、さまざまな人文系の著者が、そこまで実は論理的でない。前提が曖昧なまま、議論が始まってしまう。

＊

本を読むとは、その前提を発見すること。書いていないのに発見するんです。これはひとつの読み方ですね。

ふつうの人もそれをやっています。この著者は、こういう立場なんだ。読んだらわかったって、前提を発見しているわけですね。結論は、結論ですって書いてあるけど、前提のほうは、必ずしも書いてない。これも、読み方ですね。

テーゼと独断

論理。

定義。前提。

それに加えて、本に何が書いてあるかというと、テーゼです。テーゼとは、日本語で言えば、命題。大事なこと、です。こう思います、と大事な主張が書いてあったら、このひとはこう思っているのか、とわかる。

でも、なぜこう思っているのかと、気になりませんか。

論理的に書いてあるなら、前提から論理的に導けることが、書いてある。みんな気がつかないかもしれないけれども、こういう前提に立つと、こうなるんですよ。それを、みんなに教えてくれている。数学でいう、定理ですね。

＊

そういう脈絡がともなわないのに突然、こうです、と書いてあるかもしれない。論理が追えないのに、そう書いてあったら、それはどういう性質の命題か。独断です。独断は、ドグマともいう。なぜ著者がそう考えるか、わからない。読者はそれに、賛成したらいいのか、反対したらいいのかもわからない。論理的にきっちり書いてある本に、あまりこういうことはないんだけど、そうでない本には、よくある。

そういうテーゼには、賛成するも、反対するもない。そもそもそれが、著者の意見であるかどうかがまず疑問。本のほかの部分から、浮いているのだから。そんなテーゼがあったら、少なくとも、そこはマークしておきましょう。

導出と矛盾

このような、命題と命題の関係を考えてみる。

まずひとつは、導出の関係。導出とは、いっぽうの命題からもういっぽうの命題が導けること。理屈を追っていくとこうなりますね、という関係です。

もうひとつの、大事な関係は、矛盾。矛盾とは、ある主張の、肯定（そうです）と否定（そうでないです）と、両方の命題が成り立ってしまうことです。

数学では、矛盾を含むシステムは、数学を破壊するというので、矛盾はあってはいけないことになっている。

われわれの読む、そして書く本には、しばしば矛盾が含まれる。

＊

堂々と、矛盾を大っぴらに書いているのは、ヘーゲルですね。

ヘーゲルは言います。世界は矛盾でできている。矛盾でできているからこそ、世界は変動する。だから、ダイナミックだ。これを弁証法という、と。

ここまで開き直ってしまうのだから、ヘーゲルの本（『精神現象学』とか、『エンチクロペディ』とか）は、矛盾だらけ。でも、確信犯だから、そういうことは気にしない。

＊

なぜヘーゲルについてのべたかと言うと、マルクスが、ヘーゲルを下敷きにしているから。マルクス主義というものがある。ヘーゲルを下敷きにしているから、マルクス主義は、弁証法でできているわけ。

弁証法がなぜそこまで大事か。

マルクス主義は、世界は、階級闘争でできている、と考える。階級って、矛盾・対立の関係なんですね。資本家階級と労働者階級がいて、それらが闘争しつつ、やがて次の社会に脱皮して（マルクス主義の用語で言えば、「止揚」されて）、社会主義、共産主義になるんです。矛盾こそが、歴史の原動力である。

こういう本がしばらく前まで、堂々と、大手をふって通用していた。

＊

このように、人文系の本には、矛盾が出てくる場合もある。数学と違って、矛盾しているからこの本は価値がない、とすぐには言えない。その点が難しい。形式論理で必ずしもできていない人文系の本は、読み方が難しいのです。

でも、少なくとも、矛盾とはどういうものか、知っていないと読めない。矛盾が、議論のなかでどういう役割を果たしているか、理解しながら、読みましょう。

頭の中にファイルを作る

というふうなことを考えながら、どんどん読んでいって、著者の思考を、自分の頭の中に組み立てる。

ある著者の本を読んだら、頭の中にその著者の、ファイルを作るのです。自分の頭なんだけど、コインロッカーみたいに、その人のためのスペースを作ってあげて、その人に仮住まいしてもらう。本を読み終わると、ここに居てもいいですよ、となるわけです。

＊

マルクスを読んだら、マルクスが住んじゃう、頭のなかに。マルクスは、私じゃない。私は、マルクスじゃない。でも、私の頭のなかにマルクスがいる。これが、本を読み終わった状態です。

著者の対話

さて、この後、サミュエルソンを読んだとする。サミュエルソンは、有名な経済学者ですね。近代経済学なので、マルクスとは立場が違う。読み終わると、サミュエルソンのファイルができて、頭の中にサミュエルソンがいる。

どうなると思います？

私がなんにもしなくても、マルクスとサミュエルソンが、話を始める。止めようと思っても、止められない。

この状態は、あんまり進んじゃうと、ガヤガヤとやかましく、二人の声が実際に聞こえてきたりして、ちょっと危ない状態になるかもしれない（笑）。

ま、ふつう、そうはならないな。静かにガヤガヤしてもらおう。

＊

彼らの本を読むまでは、マルクスがいるらしいね、サミュエルソンがいるらしいね、同じ経済学だけど違う主張をしていて、仲がよくないらしいね、だけの感覚でしょう。これはただの、知識である。

でも、本を読み終わってしまうと、マルクスとサミュエルソンの関係が、自分の問題になるわけ。この感じ、わかりますか？

二人がケンカする場合も、あるかもしれない。最悪の場合、サミュエルソンがマルクスに、キミ、ここから出ていってください、と言う。マルクスは、じゃ、さよなら！　って引っ越ししたりすることになるわけです。

著者のケンカ

人文系の著者は、だいたい仲が悪い。互いに意見が合わない。

でも、入門的な教科書には、デカルトも、カントも、ニーチェもフロイトも、仲よく並んでるじゃないですか。教科書だから平和に並んでいるだけであって、著者それぞれの本を読んだあとでは、そういう平和は消えてしまう。

ケンカを始めるかもしれない、私の頭のなかで。

でも、自分の頭の主人は、私なのです。キミらは、がやがや議論している限りで、私の頭のなかにいてよろしい。ただし暴力は禁止する、と申し渡して、許可を与えている。そうやって、私の頭のなかの著者がだんだん増えていく。

これが本を読むということだと思う。

入門書では、これは起こらない、たぶん。でも、ある著者の書いたなまの本を読むと、こういうことが起こり始める。本は、生命力があるから。

＊

マルクスとサミュエルソンがケンカしてるくらいなら問題はない。ただあるとき、マルクスが私に、キミ、キミはなぜ、共産党に入らないのかね？　とか、資本主義の矛盾を放っておかないで、さあ、起《た》ち上がれ！　とか、言い出したらどうしよう。

そうしたら、サミュエルソンを呼べばいい。ちょっと、サミュエルソン。マルクスがこんなこと言ってるんだが、なんとか言ってやってくれよ、って。そうすると、言い合いが始まるでしょ、マルクスとサミュエルソンで。しばらく言い争いをさせればいい。決着がついたら呼んでね、と当人たちに任せて。

脳はそうできている

マルクスとサミュエルソンのあいだで自動的に話が始まるのは、そもそも、脳にそういう性質があるから。

＊

たとえば、家族。家族は、互いによく知っているでしょう。あなたは、父親のことも、母親のことも、兄のことも、妹のことも、大好きだとする。でも、じゃあ、みんながいつも仲がいいかと言えば、そんなことはない。ケンカもする。家族のなかには、けっこう矛盾も多い。対立もある。まして、誰かが誰かを嫌いだったり、憎んでいたりすれば、もっと矛盾は深くなる。

でも、家族のみんなは、よく考えてみると、自分の頭のなかにいると思いませんか？　かりに誰かが、亡くなったとする。実物としてのその本人は、存在しなくなったけど、私の頭のなかには、まだ存在し続けている。話したり、笑ったり、まるで生きているみたいだ。

＊

人間は、本なんか読まなくたって、頭のなかにおおぜいの人間が住んでいるものなんです。彼らはいつも、ガヤガヤ話しあっている。彼らのあいだには、矛盾もあれば、対立もあるでしょう。そんな矛盾や対立を、理解し乗り越えようとする潜在的能力を、脳は持っているのです。

本を読むと、家族のメンバーじゃない、友人でもない、会ったこともない本の著者たちが、頭のなかに住み始める。頭のなかの住人が、うんと増えるんです。

家族や友人と、本の著者との違い。本の著者は、私の頭のなかだけではなく、その本を読んだおおぜいの人びとの頭のなかにも住んでいる。本の著者について、そんなおおぜいの人びとと話ができる。本の著者を介して、友人になれるかもしれない。

本の著者は、おおぜいの人びとに知られている、公的人格なのですね。

＊

さて、世の中から矛盾はなくならない。だから、本の著者は互いに仲がよくない。どうやって矛盾を解決するのか、意見が違うから。

そのため、本を読めば読むほど、おおぜいの著者が頭のなかに住み始め、ガヤガヤ論争がうるさくなる。いろいろな意見が戦わされる。まあせいぜい、大ゲンカにならない程度に、自分の人格が崩壊しない程度に、やってもらうしかないですね。みんなそれでやっているんだから、大丈夫。

主人公が頭のなかに住む

小説でもこういうこと、ありません？

ドストエフスキーなんかを読むと、ドストエフスキーのかわりに、ドストエフスキーの作品の登場人物が頭の中に入ってくる。これ、文学作品（フィクション）と、ノンフィクションの違いかもしれない。

小説の場合は、哲学や社会科学の本とはちょっと違って、著者ではなしに、作品の主人公が頭のなかに住み始めるかもしれない。作品の主人公も、ありありとした存在感をもっていて、話したり笑ったりする。

＊

だから、本を読まないということは、頭のなかに住んでいる著者や、作品の登場人物がいないということ。家族がいないでたったひとりみたいに、淋しい状態になる。

世の中の人びとがみんな大事にしている、マルクスとかサミュエルソンとか、誰でもいいのだけど、そういう著者たちに、私の頭のなかにも住んでもらう。そうすると、頭のなかがにぎやかになる。ほかの人びととも話しやすい。

＊

国語の試験は、文章が短かかったでしょ。五分か一〇分で、全体が読める。傍線があって読み方を書いたり、カッコがあってちょうどいい言葉を埋めたり、設問に解答したりする。あっという間にすんでしまう。

試験の問題。あんなものは、文章のカケラにすぎない。いくら読んでも、あなたの頭のなかに、著者が入ってくることはない。

本は、ずっと長い。分量がある。著者が、それなりに命がけで書いている。それを、最初から終わりまで読むと、そこから、生命のようなものが伝わってくる。そこで、国語の時間とは、違ったことが起こるのです。

人間的能力を高める

まとめましょう。

「すなおに読む」とは、どういうことか。

それは、いろんな意見の人びとが、頭の中に住めるということです。

これは実は、人間的能力を高めているわけです。なぜか。少し毛色の変わった見知らぬ誰かが現れた。そうした場合、その誰かにいちばんよく似てるのは誰だろうと考える。ああ、こういう考え方のひと、知ってる、ということになって、理解の糸口がつかめる。

読むことは、いろんなスキルを含むのでしょうが、ひとつ、その大事な効用は、こういうことなのです。

夢と似ている

複数の著者が、頭の中に住んでいる。

プロの学者は、こういう状態だと思う。でもそれは、ふつうの人びとが毎日やっていることと同じです。

それは、夢です。

＊

夢。

夢って、意図して見るものではないでしょう？

こんな夢を見るつもりはなかった。でも、見てしまった。受動的かもしれないが、体験している。そして自分が、その夢のなかにいる。夢の現場に、臨在していませんか。

自分がその場にいるからこそ、ドキドキしたり、怒ったり、焦ったり、感情が高ぶる。その場に立ち会っている。

そして、自分のほかに、何人も登場人物がいる。そこに関係が設定されていて、何か出来事が起こって、気持ちが動かされる。

＊

なんで、あんなことを毎日やっているか。

昼間、起きているあいだにしまいこんださまざまな矛盾が、それを欲してるんです。たぶん、それがカタルシスになって、何かが解決するんですね。それが起こらないでは済まないような、ストレスが頭にかかっているわけです。

夢を見られなくなると、精神的にピンチになるらしい。そういうたぐいの拷問があると言います。

つまり、ふつうの人びとはふつうの状態でみな、夢を見てるわけです。そして学問のプロは、マルクスとサミュエルソンの夢を見るかもしれない。

＊

物理学者はよく、夢の中で、重要な定理を発見したりするといいます。

まず、研究に行き詰まる。このセオリーによると、こうなるはず。あのセオリーだと、ああなるはず。でも、実験の結果はこうなっている。説明がつかなくて、どうしよう、どうしよう、と悩みまくる。それで眠ると、その矛盾が解決するように、脳が勝手に考えてくれる。

物理学者はだから、物理学の夢を見る。

＊

夢のなかの登場人物同士の背後には、隠れた主役としての私がいる。私が、彼らの関係をどう処理したらいいのか、ストレスがかかってる。そこで、何かが動くわけですね。

本を読むとは、結局、そういうストレスを新しくひとつ抱えこむことなわけです。誰か友人とひとり、知り合いになるのと同じ。もちろん、楽しいから、友人になるんですよ。でも、住所録に名前を登録したりとか、年賀状を出したりとか、ストレスにもなるでしょう。そういうものなんです。

アクションを交える

さて、本の読み方のテクニックを、ちょっとだけ話しましょう。

私は、本を読むとき、自分のアクションを交えるようにしている。そうじゃないと眠くなって、注意力が散漫になる。

＊

アクション1。大事なところに、印をつける。

印は、いろいろあるんだけど、おおむね、鉛筆でつける。インクは使わない。万一、将来、現金が必要になって、本を売ることになった場合、鉛筆だったら消せるからね。書き込みなんかありませんよ、とごまかせるかもしれない（笑）。

＊

アクション2。反論のあるところ、意見の違うところに、それを示すマークをつける。

あんまり腹が立ったときには、欄外に「アホ」とか書いたりする（笑）。

＊

アクション3。マーカーを使う。

マーカーをひいてしまうと、古本屋さんに売りにくくなるんだけど、ずっと持ってるだろうと思う大事な本には、マーカーを引いてしまう。

マーカーには何色もあるんだけど、私は、黄色と青を使う。なぜその二色かというと、白黒コピーを取ったときに、色が出ないのは、黄色と青だけだから。ピンクや緑や橙色《だいだい》は、コピーすると、くすんだ灰色みたいな影になるわけ。三〇年ぐらい前、いろいろ試したら、そうだった。それで黄色と青の二色を使って、それ以外の色は使わない。

二色しかないから、人名を黄色、事項を青、に使いわけています。

＊

エピソードですが、小室直樹先生の本を借りたことがあるんです。統計学の本だった。そしたら、どのページも、色鉛筆を使って、総天然色なんです。マーカーがない時代だから、色鉛筆を使ったのでしょう。どの色にどういう意味があるのか、眺めたけれどもわからなかった。

小室先生も、アクションを交えつつ、本を読んでいたことがわかります。

カードは無駄

いわゆるカードは作りません。一切。

カードを作るのに、けっこう時間がかかる。時間の無駄です。

読書するたびに、カードを作っているひとが、何人もいました。けれども、そういうひとで、論文をどんどん書いているなんて、聞いたことがない。なにかをうみだすのに、読書カードは役に立たないのです。知的生活をしましょう、みたいなテーマの本に、そういうことが書いてあったとしても、信用してはいけない。

カードは、抜き書きで、その本質はカット＆ペーストです。カット＆ペーストなら、いまは簡単にできる。

そんなことから、なにかが生まれることはない。カードは、プロの仕様に向かない。

実例でみる

じゃあちょっと、実際の例をみましょう（93ページ）。

この印（①）は、何かもやっとしたとき。大事、という意味です。

スラッシュが入っているのは、第一、第二……みたいになっているとき。ルールはひとそれぞれでいいんですが、あとでもう一度、見たときに、ひと目で内容がわかることが目的。二回目は、読むのが五倍ぐらい、速くなる。

傍線（②）は、手で引いてると、時間がかかるんです。だから、定規で引く。定規がいちばん速い。不透明な定規だと引きすぎちゃうから、透明でないといけない。いまは、一

○○円ぐらいで売っている、プラスチックの定規を使っています。すぐなくすから、高いものは使わない。
波線がつけられる波線定規もあります。波線定規はなかなか売ってない。最近、中国のホテルに泊まると、部屋の引き出しに波線定規が置いてある。重宝しています。

＊

あんまり印をつけすぎたり、線をひきすぎたりすると、意味がない。本の構造を、浮き立たせるように、印をつけます。

手を動かすこと。アクションを交えるのは、読むことを体験として刻印していくということ。その本の著者に打たれっぱなしじゃなくて、こちらも何か手を出す。そういう、共同作業なんです、著者と私の。

むずかしい本

さて、むずかしい本は、どうしたらわかるようになるのか。

むずかしい本がむずかしい理由。

古い本。古い本は、予備知識や前提が違いすぎるので、わからない。言葉の意味も、いまとはずれている。

○○円ぐらいで売っている、プラスチックの定規を使っています。すぐなくすから、高いものは使わない。

波線がつけられる波線定規もあります。波線定規はなかなか売ってない。最近、中国のホテルに泊まると、部屋の引き出しに波線定規が置いてある。重宝しています。

へえ〜! 知らなかった

＊

←もやっとマーク

①

あんまり印をつけすぎたり、線をひきすぎたりすると、意味がない。本の構造を、浮き立たせるように、印をつけます。

②

手を動かすこと。アクションを交えるのは、読むことを体験として刻印していくということ。その本の著者に打たれっぱなしじゃなくて、こちらも何か手を出す。そういう、共同作業なんです、著者と私の。

線を引くときは透明な定規を使う↗

むずかしい本

さて、むずかしい本は、どうしたらわかるようになるのか。

むずかしい本がむずかしい理由。

↙スラッシュ

古い本。古い本は、予備知識や前提が違いすぎるので、わからない。言葉の意味も、いまとはずれている。

→マーカーは黄色か青で

翻訳。翻訳した本は、翻訳が悪い場合がとても多いので、わからなくて当然である。その対策。翻訳が何通りもあれば、それを並べて読む。

なるべくなら原文を手に入れ、並べて読む。それをいちどやってみると、翻訳がどういうものか、だいたいわかるようになってくる。訳文を見ると、原文が透けてみえる。翻訳に誤訳の箇所があると、これは誤訳じゃないかとわかるようになるのです。原典にあたってみると、やっぱり誤訳だった、みたいな。

そうなると、原文と対照しないで訳文を読んでいても、ある程度のところまでわかる。いま言ったやり方は、とても手間と時間がかかるので、プロになろうという場合にしか、すすめません。

＊

それ以外の理由でむずかしくなるケースは、入門書を飛ばして、いきなり誰かの著作を読んだ場合。そういうときは、入門書に戻りましょう。さもなければ、中学・高校の教科書に戻りましょう、ですね。

でも、むずかしいものでも、読むのと読まないのでは全然違う。むずかしくても、読んだら、それなりのことはある。「それなり」と言うのは、読まないときより何かが変わること。だから、それを励みに、いちおう読みましょう。

実際に読んでみる

じゃあ、実例。ちょうどここにある、井筒俊彦さんの『意識と本質』を例にします。はじめのほうに、こう書いてあります。

意識とは本来的に「……の意識」だというが、この意識本来の志向性なるものは、意識が脱自的に向っていく「……」(X)の「本質」をなんらかの形で把捉していなければ現成しない。たとえその「本質」把捉が、どれほど漠然とした、取りとめのない、いわば気分的な了解のようなものであるにすぎないにしても、である。意識を「……の意識」として成立させる基底としての原初的存在分節の意味論的構造そのものがそういうふうに出来ているのだ。

うーむ、むずかしそうだなあ。

これの下敷きになっているのはたぶん、ヘーゲル哲学ですね。むずかしい単語が並んでいるようだが、ヘーゲルの言ってることをなぞっている。

井筒さんが勉強した、昭和一〇年代、二〇年代、学生はみんなヘーゲルを読んでいた。

だから、このぐらいわかるだろうと思って、書いたんじゃないか。むずかしく書いてやろうと思って書いているわけではない。当時の学生の常識だということで書いたんだけど、いま、誰もヘーゲルを読まなくなったから、わからない。それが、難解に思える原因だと思います。

＊

読んでみましょう。

《意識とは本来的に》……「本来的に」というのは無視しちゃえばいいんですね。

《「……の意識」だというが》……言ってるのが誰かといえば、ヘーゲル。もしくは、当時のドイツ哲学の論者でしょう。

《この意識本来の志向性なるものは》……「本来の志向性」というのは、意識はもともとあるものを指向している、何々についての意識である、ということなわけです。たとえば自己意識だったら、自分についての意識。花が見えたら、花の意識。花に向いてる（指向している）わけでしょ。で、自己意識は、自分を指向しているわけでしょ。意識って必ず、矢印があって、何かに向いているものなのです。

「指向」は、ドイツ語だととても簡単な、日常語です。でもそれを日本語に直すと「指向」のような、漢語になる。

《意識が脱自的に》……「脱自的」というのも、ヘーゲル用語ですね。

《向っていく「……」(X)の「本質」をなんらかの形で把捉していなければ現成しない》

……ふむ。意識が「脱自的に向かっていく」というのは、意識は意識を離れて、意識ではないものに向かっていく、という意味ですね。

たとえば、花の意識。意識は、花に向かっていく。花は意識ではない。でも、花は意識される。そういうときに、「……の意識」の「……」とは、X。これは、「花」だ。花の本質を何らかの形で把握していなければ、意識は意識として現れない。意識は花に向かっていくんだ。

気がついていなければ意識できない。みたいに書いてあるのではないかな。

＊

これを読むのに、私は何をしているかというと、ヘーゲル哲学やドイツ観念論の本を何冊か読んでいるから、それを下敷きにしているなと思って、それを元へ戻していったんです。この文章はむずかしいが、でも、むずかしいことは別に言ってない。

もっと言えば、ここに書いてあることは、井筒さんの意見ではなく、どこの本にも書いてあることである。この部分は、井筒さんの知的貢献はゼロなんです。だから、ここは、無視すればいいところなんですね。

次ですね。

＊

《たとえその「本質」把捉が、どれほど漠然とした、取りとめのない、いわば気分的な了解のようなものであるにすぎないにしても》……これは、うすうすでも、花は花だというふうに気がついていた、ということを言い換えているわけです。

《意識を「……の意識」として成立させる基底としての原初的存在分節の意味論的構造そのものがそういうふうに出来ているのだ》……「何々の意識を成立させる基礎、基底」として、ボトムとしての「原初的存在分節の意味論的構造そのもの」、についてのべている。「原初的存在分節」というのは、いちいち考えないでも、まわりを見たら花みたいなものがある、哺乳瓶みたいなものがある、母親みたいなものがいるって、世界をなんとなく分節しているでしょ。最初からそういうふうにできているわけだから、花らしいものはそこにあるのは当たり前なんだよ、って言ってるのですね。

本を読むポイント

書いてある文章が、誰かのカット&ペーストだということがわかれば、そこは読む必要がない。

読んでいるときにメリハリをつけて、ここは大事だとか、ここは読み飛ばしてもいいとかいうのは、本をたくさん読むと、自然と身についてきます。

本は、参照や引用を多く含むので、たとえ分厚かったとしても、この著者が貢献して新たに付け加えた大事な部分は、ほんの一〇ページだったりする。ならば、ほんとうは、そこだけ読めばいいわけです。

＊

井筒さんは、イスラムの書物を多く読んでいる。井筒さんの本のポイントは、ヨーロッパ系の、ドイツ観念論やなんとか哲学みたいなものと、イスラム系の、イスラム哲学や神学との関連をつけていること。同じ一神教だけれど、だいぶ違う。その両方をわかった上で、その両方に共通する意識と本質について書いてみました、という内容です。

もしもその点に興味がないなら、じゃあ、いまこの本は読まなくていいな、ということになる。

評論集は役に立つのか

本を読む練習は、いきなりこのような単行本から入らないで、短い文章の練習から始めればいい。大学受験の現代評論集とか。

現代評論集が読みにくいのは、予備知識が期待できないから。一部のひとが読んでいる本だと、読んだ学生と読んでいない学生との間に差が出てしまうから、学力評価にならない。そこで、全員が読んでるすごく有名な著者か、誰も読んでないだろう著者か、どちらかが出題される。つまり、予備知識はないものとしなくちゃいけない。予備知識がなくて、初見でもってこれだけの文章を読んで、そこで読解をして、ある操作をして、出題者の意図に合致した解答を出す。それを散々練習しているわけなのです。それができていれば、基礎分析力がついているだろう、というわけです。

でもそれは、初級の能力。ちゃんとした本を、きちんと読めるかどうかは、また別の話です。

一日一ページでいい

速読法なるものがある。あんまり信用しないほうがいい。速く読めばいい、というものではない。それに、ほんとに大事な本は、速く読めない。

大事な本だったら、一日一ページだっていいのです。

＊

たとえば、ヴィトゲンシュタインの『論理哲学論考』。

私は大学四年のとき、大学院を不合格になって、卒業せずに留年しました。一年間暇だったとき、友人が独文の志望で、私も英語とドイツ語が試験科目で、準備をしないといけない。それじゃあと、英独の対訳になっているこの本の、読書会をやったのです。翻訳書と並べて読んだのですが、内容がむずかしい。三時間かけて一ページ進めばいいほうだった。だから一冊読み終わるのに、まる一年かかったのです。

英訳には実は二種類あった。日本語の翻訳も何種類もあって、訳語や解釈が違ったりするから、ああだ、こうだと議論して、いくらでも時間がかかる。でも、何のことを言っているか、さっぱりわからないあいだは、先に進めない。

＊

冒頭のドイツ語は、

《Die Welt ist alles, was der Fall ist.》

英語だと、

《The world is everything that is the case.》ですね。英語のほうが、少しわかりやすい。でも、everythingのかわりに、allと訳してある翻訳もある。everythingとallじゃ違うでしょう。the caseとFallではやはり違う。それに、The worldって何だろう。

日本語の翻訳は、「世界は成立している事柄の全体である」。間違いではない。

私の訳は「世界は、かくあることのすべてである」。

こういうふうに、議論しながら訳文を決めていくわけ。意見が違うから、私のと友人のと、ふた通りの訳文ができていくわけだ。

解釈の分岐

こういうのを、精密読書という。

これにふさわしいのは、哲学の本ですね。

なぜか。哲学は、のべてあるのが、具体的なことはほぼなくて、世界をどう理解するかという、抽象的な構造や論理である。それを読む場合、あやふやに通り過ぎたのでは、哲学にならないんですね。数学に近い。数学で、証明が追えなくて、次の行に進めなかったら、進んじゃいけないみたいな感じなんです。しかも哲学は、数学に比べて形式化の度合いが低いから、解釈の余地があって、議論し始めるとなかなか収拾がつかない。

これに比べると、経済学は、意見の分岐がない。ずっと同じように読んでいける。

＊

理系（サイエンス）の文章は、解釈が分かれる余地がなく、分岐がなく、誰もが同じように読めるようにできているんです。数学もそうである。

哲学になると分岐が生じる。

哲学には立場というのがあって、論理実証主義だとか、現象学だとか、マルクス主義だとか、考え方のパターンが複数ある。しかも、並立している。これは大変だ。

立場の違い

さて、文学とか、歴史とか、思想系のものにはみな、複数の考え方があって、複数の立場が並立している。どれが正しい、どれが間違っているということではない。ある立場からいきなり間違いということはなく、複数の正しい立場がありうる、ということなわけです。

これをどう読んだらいいのだろうか。

とりあえず、その立場が成り立つものとして、読まなければならない。読み終わったあとではじめて、でも、私はこの立場は採らないよ、と態度をはっきりさせる。そういうふうにしか読めないのです。

これをごちゃごちゃにしてはいけない。

＊

歴史には歴史の作法があります。文書がある。事実がある。証拠がある。物証があって、それにもとづいて、議論を構成していくというルールでやっている。

フィクションには、そういうルールは一切ないから、好きなようにやればいい。もちろん、花子という登場人物が、途中でいきなり別な名前になってはいけないとか、性格がすっかり変わってはいけないとか、フィクションにはフィクションの秩序がないといけないけれど。

テキストにはそれぞれ、それが属するジャンルによって、いろんな個別のしきたりがあります。このしきたりに通じることも大事。私がむかし、ネコがネズミをつかまえた理由を聞かれて、やりそこなったあれです。あれは、教科のしきたりをまたいでしまったんですね。

応用篇

第四章　本から何を学べばよいのか

『理科系の作文技術』

本から何をどう学んで、知識を組み立てればいいか。『知的生活の方法』（渡部昇一）とか、『思考の整理学』（外山滋比古）とか、評判の本は読まなかった。

ちゃんと読んでとっても参考になったのは、『理科系の作文技術』（木下是雄、中公新書）です。

＊

『理科系の作文技術』に書いてあること。

日本語の文章と、英語の文章の間には、差がある。文法や用語の差ではなくて、ものを書くときの態度が違う。英語には、ものごとをきっちり伝えようという、態度がある。そういう態度で日本語を書かないと、理工系では勝負できませんよ。その書き方のメソッドが、徹底的に述べてある。

理科系の作文技術だから、理科系の文章を念頭に書いてあるわけだが、文系の文章にもとっても役に立つ。それは、トピック・センテンス・メソッドです。

トピック・センテンス・メソッド

トピック・センテンス・メソッド。訳せば、主題文メソッド、ですかね。

これは、すばらしい文章の構成法です。

文章をすみずみまで、意図的に構成する。

論文や本は、著者の考えを立体的に伝えるもの。考えには、構造がある。

段落（パラグラフ）が、その基本的なユニットである。

段落は、ある小さな考え（アイデア）のまとまりをのべる。それがレンガのように積み重なって、全体をかたちづくる。

そのことをよくよく意識しつつ、段落を組み合わせて、論文を構成するのが、トピック・センテンス・メソッドである。

*

トピック・センテンス（主題文）は、段落の内容を代表する文（☆）。段落の冒頭に、置くのが原則だ。この段落でいえば、☆をつけた文が、トピック・センテンスである。

ある段落は、あるまとまったアイデアをのべるものだから、トピック・センテンスと矛盾した文を置かない。トピック・センテンスを言い換えたり、別の面からのべたり、補強したりする文を置く。

そのアイデアと少しずれたアイデアをのべる場合は、新しい段落をたてる。そして、新しいトピック・センテンスを置く。

このように段落を構成していけば、althoughとか、butとか、by the wayとか、on the other handとかいった接続の言葉が、ある段落の真ん中にあってはいけないことがわかる。そうした言葉は、アイデアが切り替わることを示すのだから、つぎの段落の最初にならなければならない。

＊

文も、長くてはいけない。接続詞でつなげた複文や重文はなるべくやめ、ひと組の主語／述語を含む、単文（シンプル・センテンス）を基本にする。ひと目で意味が読み取れるからである。

＊

トピック・センテンス・メソッドで文章を書くと、どういういいことがあるか。

文章の主旨がはっきりして、わかりやすくなる。

文章を読むスピードが、速くなる。段落の最初に、トピック・センテンスが並んでいるので、それを順番に読んでいくと、簡単に意味がとれるから。

文章の要約をつくるのも、簡単だ。トピック・センテンスだけを取り出し、並べると、自動的に要約ができてしまう（この本も、トピック・センテンス・メソッドで書いてあるので、ためしに要約をつくってみてください）。

あるまじき行数調整

トピック・センテンス・メソッドはすばらしい。そう思って、私は以後、基本的にそれで文章を書いてきました。

そうすると、一文（トピック・センテンス）だけでできている段落もできる。一文で、改行する。かと思うと、多くの文からなる、長い段落もできる。

そうした段落の構成は、言いたい内容から必然的に導かれている。文章がのべるアイデアと、緊密・一体に結びついている。

＊

さて、依頼があって、書き上げた文章を、新聞社や雑誌社に届ける。もちろん、トピック・センテンス・メソッドで書いてある。

すると、こんなことがある。ゲラが戻ってくると、どうもおかしい。担当者に聞いてみると、行数調整とやらで、「段落を追い込みにしました」「改行を入れておきました」などと言うわけ。彼らは、日常的に、そんな操作をしているのです。頭に来て私は、かけあう。あのね、段落は、文章の本質なの。行数を調整するのなら、文を削るとか、書き足すとか、いろいろ方法がある。「段落を追い込みにする」とか「改行を入れる」とか、なんのつもりですか。最初から字数×行数を教えてくれれば、ぴったりに合わせて納品するのに。それで、原稿をひきとり、もう一度私の手で調整したうえで、送り返すのです。

大手の新聞社や雑誌社の記者たちのなかには、署名原稿なのに、勝手に手を入れるクセがあるのがいる。たぶん彼らは、寄稿者をしろうとだと見くびって、原稿を「改良」しているつもりなのだろう。ひどい原稿も多いだろうし、締め切りは迫っている。だからそういうクセができた。それでも、段落に手を加えるのは、NG。いちばんやってはいけない。

文章のプロになる

『理科系の作文技術』は、すばらしい本です。約四〇年前の本だが、日本中の理工系の学生に読まれて、一〇〇万部以上売れている。

この本には、メソッドが書いてある。それは、思想でもあり、スタイルでもある。こういう本はない。

*

この本をマスターすれば、文章を書くプロになれる。

それは、文章が「うまくなる」ことではない。言いたいことを伝えるのに必要十分な、欠陥のない文章を書くことができる、という意味。それは、ちゃんと練習すれば、誰にでもできる。

日本語がそういうふうに書けていないと、投稿用の英語論文になんか、絶対にならない。英語の学術論文は、ぜんぶそういうつくりになっているのだから。

*

残念ながら、みるところ、日本語の文章をこのメソッドで、すらすら書けるひとは、文章を書いているひとの数パーセントもいない。すらすら話せるひとも、数パーセントもいない。だから、それができることは、貴重なのです。

本から、何を学ぶか

では、本から何を学べばいいのか、考えましょう。

本には、著者の「思想」が書いてある。本を読むとは、著者の「思想」と付き合うことである。

著者の思想が書いていない本もある。百科事典とか、実用書とか。これはまあ、仕方がない。

本のかたちを取ってはいるけど、そこに、著者の思想が書いていない本もある。著者が語るべき思想をもっていない。それは、本じゃない。読むだけ時間の無駄だから、読まないように。

思想には「構造」がある

さて、本を読むとは、著者の思想と付き合うことなんだけれども、三つのポイントがあると思う。

第一。著者の思想には、「構造」がある。

本は、よく考えて書いてあるわけです。まず、こう言って、つぎに、こう言って。そのあと、こう言って、こういうふうに言うと、読者にわかってもらえるだろう。書いては消し、また読み返し、手を入れ、最終的なかたちになって、これでいいと思って、本はできている。

その組み立てに、著者の思想が表れている。だから、それを読み解く。

それぞれのパーツには、それぞれの役割があって、必要だから書いてあるわけですね。それ前提だったり、結論だったり、例示だったり、反証だったり、いろんな機能がある。それを、書き分けてある。それを、あっ、ここは前提だな、あっ、ここは定義だな、あっ、ここは論述だな、あっ、ここは実例だな、あっ、これは反対想定（反実仮想）だな、というふうに、色分けしながら、整理して読んでいく。これが、第一。

*

これをたどるには、すなおな心が、とても大事。これは、基礎篇で、のべた通り。

どうしてか。

著者に思想があるように、私にも私の思想があるのです。著者の思想と一致しているはずがない。一致していたら、本を読まなくていい。違うからこそ読むのであって、著者の思想が、私の考えていることや感じていることと、違うからこそ価値がある。

このことが、なかなか、心底から納得できないひとが多い。読んでいる途中で、著者に文句を言い始めてしまう。反感をもつ。感情が動き始める。

感情が動き始めないほうがいい。自分の感情には、封印をする。

感情が動くとしたら、著者の場所をつくって、著者と共感する感情だけを働かせよう。著者は、こういうふうに書いてる、大変な経験をしたんだろうな、とか。著者はこういうふうに言い切っている、いろいろ迷いもあるのに、大胆なことを言うひとだな、とか。そういうふうな感情だったら、大丈夫。

最後は、著者と決別するとしても、本を読んでいる最中は、著者に寄り添わなければダメなんです。

書評について

内部構造を取り出すということは、その本を読んだ証です。この本がこういう本だった、と要約するには、その本の構造を取り出せばいいわけで、細部（ディテール）は全部すっ飛ばしていい。

これをやるのが、書評の役割ですね。

書評は、本にどういうことが書いてあったかを紹介している。でも、分量が、本よりもずっと短いでしょう。

紹介している部分は、絵でいうと、デッサンみたいなもの。誰がやっても共通した内容になるはずの部分なんですけれど、やってみると、そうでもない。書評をいつも書いているひとは、そういう練習をしているから、参考になる。

そこでおすすめは、本を読んだら、その本の書評をあとで読む。本を読んで、自分なりの感想をもつじゃないですか。それが新鮮なうちに、その本の書評を読んで、「あれ？ こんなこと書いてあるかな」と思ったら、私の読みが浅いっていうことだ。書評は、きちんと読めたかのチェックに使える。

逆に、この書評者、大したことないなって思うこともあるかもしれない。そうしたら、その書評者の、他の書評や、その書評者の書いた本は、読まなくていい（笑）。いろいろ、そういう副作用やおまけが付いてくるから、これは楽しい作業ですね。

著者の「意図」

第二。著者の思想には、「意図」がある。こんなつもりで書きました、という意図。そのつもり（意図）が、実際に本文には、書いてないことがある。本文を読んでも、著者の「意図」が読み取れない場合がある。

その「意図」とは何かというと、その本の著者の、他の著者に対する関係です。他の著者がいて、すでにたくさん本を書いている。他の著者が書いたことに百パーセント賛成であれば、その本の著者は、本を書かなかったろう。不満があるから、書く。他の著者が書いていない、まだ誰も書いていない、まだ誰も思いついていない、私がどうしても言わなきゃいけないことがあるから、それを書いた。

＊

ということは、著者は潜在的に、他の著者と対抗関係にあるわけです。他の著者に文句がある。どの著者の、どの点に文句があるから、この本が成立しているんだろう。ということを読み取る。でも、本そのものからは、なかなか読み取れない。

でも、それは、著者の意図である。

そうすると、読む側が、ほかの本についても、ある程度わかっていないと、その辺は浮かび上がってこない。

*

じゃあ、どうしたらその意図を読めるようになるか？

いろいろな本を何冊も読んでいるうちに、だんだん、本と本の関係が浮かび上がってくる。だから若くて、本をまだ読み始めのひとは、この関係を摑むのがむずかしい。いくら頭がシャープで、理解力があっても、なにせ読んだ本の数が足りない。

本をつぎつぎ、かなりたくさん読んでいくと、頭がそこまでシャープでなくたって、本と本の関係についての感覚が育っていく。本をたくさん読んだ年配のひとほど、この関係を把握する力は強い。だから、あきらめてはいけない。

思想の「背景」

第三。著者の思想には、「背景」がある。

背景とは、バックグラウンドですね。ものを考える、下敷きになるもの。方法と言っても、発想のもとと言ってもいい。それが、著者自身もわかっていない場合がある。

＊

著者は、何時間か、何日間かで読み切れる程度の長さのものを書くのに、何ヵ月も、何年もかけているのです。つまり、本という器は小さくて、そこに盛り込める材料はごくわずかで、長さも短い。そこにいちばん大事なことを盛り込んだが、盛り込まなかったことがいっぱいある。著者にとっては当たり前で、そこに書くほどではなかったこと。あるいは、書いたら切りがないから、書かなかったこと。自分の考えかどうかわからない空気のようなものになっているから、書かないこと。そうしたことがたくさんある。それらは全部、背景です。

本は、氷山の一角なんです。本に書かれていることを支えている、見えないものがあって、それが何かわかると、その本がスパッとわかる。

これもなかなか難しい。

『資本論』の読み方

本の読み方の、具体例を挙げましょう。

とりあえず、二人。カール・マルクスと、レヴィ＝ストロース。

*

では、カール・マルクスから。

カール・マルクスは、『資本論』を書いた。

でも、『資本論』を書く前にたくさん、いろんなものを書いている。初期マルクスというのだが、若い頃に書いたものが、まずある。『経済学・哲学草稿(経哲草稿)』と、『ドイツ・イデオロギー』が有名です。ほかに、『ヘーゲル法哲学批判序説』など。

そのあとも、『剰余価値学説史』とか、多くの論文を書いている。

*

さて、『資本論』の内部構造は何か。

数学です。

『資本論』は、ふつうの文章で書いてあって、数式は少ないけれども、数学的構造をそなえている。

マルクスは不思議なひとで、数学を正式に習ったことがない。まあ、中学・高校で、ひと通りのことはやったはずだけど、いまの日本の高校生ぐらいの数学ができたかどうか、疑問だ。その後、大学では法学部に進んだから、大したことはやっていない。にもかかわらず、かなり高度な数学的内容を、『資本論』でのべている。そこはすごいですね。

これを読み解く。

＊

どうして労働力は、単純労働に還元できて、それは時間で測られて、それが価値の源泉になるのか。労働の過程で、その価値が商品に移し換えられて、その商品が原材料となって別な産業で使われて、消耗すると、新しい製品の中にまたその価値が移し換えられて。資本設備がだんだん消耗していくと、その価値がまた商品に移し換えられて。といった、いろいろ複雑な問題があるんだけれども、最終的に、すべての商品の価値は、労働力を実体として定まる、と書いてある。

＊

さて労働者は、その産み出した価値のごく一部を、賃金として受け取る。残りは、生産手段の所有者、すなわち資本家が取ってしまう。これを、搾取という。

この搾取率が何パーセントになるか、などを計算するための根拠も、全部考えて、書いてある。

搾取率と利潤率の関係。利潤率が、傾向的に低下していくことの証明。よって、資本主義経済がいずれ行き詰まるであろうことも、書いてある。

労働者は、生活が厳しい。これが、資本主義社会の運命であること。それを覆《くつがえ》すためには、革命を起こすしかないこと。これはもう、マルクス主義ですね。

ただその、革命を起こすしかありません、というマルクス主義の政治の部分は、『資本論』には書いていない。その基礎になる、経済メカニズムについて書いてあるだけなのです。

＊

というわけで、『資本論』を読むときにまず理解すべきは、『資本論』の内部構造、ということになる。それは、資本主義経済のモデルの、数学的構造です。

これは、労働価値説である。

労働価値説は、マルクスが最初に唱えたものではなく、アダム・スミスも、デヴィッド・リカードも、みんな採っている当時の学説なんだけれども、それを徹底した点でマルクスはすばらしい。ここまで詳細に、労働価値説を展開した学者は、マルクスまでいなかった。

リカードとの対抗関係

ではこれで、『資本論』を読んだことになるのか。

頭がシャープならば、以上のような「構造」は、『資本論』に書いてあることを丁寧に読めば、わかる。

でもそれでは、マルクスの「意図」、マルクスの「背景」をまだ明らかにしていないから、『資本論』を読んだことにはならない。

＊

マルクスの『資本論』の、「意図」を考える。それは、ここまでの作業とは別なこと。それは、他の著者との関係を考えることだ。

マルクスが念頭に置いている著者はいっぱいいるけれども、大事なのは、アダム・スミス。そして特に、デヴィッド・リカード。リカードの『経済学および課税の原理』は、岩波文庫で出ているのですぐ読める。『資本論』は、この本とそっくりだと言ってよい。モデルがよく似ている。どちらも、労働価値説に立っている。後から書かれた『資本論』のほうが、当然、議論がかなり細かいけれども。

＊

リカードはマルクスと、違うところがある。

リカードは労働価値説に立って、資本主義社会を分析しているんだけれども、『経済学および課税の原理』はそれで、一貫しているわけではない。

たとえば、国際貿易について論じた章。有名な「比較生産費」説をのべた部分で、いまでも経済学部では必ず学ぶ基礎理論です。

＊

経済学部でない読者のために、簡単にそのなかみを紹介しよう。

イングランドとポルトガルの二ヵ国の貿易。商品は、ブドウ酒と羊毛の二種類。ポルトガルは日当たりがよく、イングランドは日当たりが悪いので、同じ労働力を投下しても、ポルトガルのほうがイングランドより、多くのブドウ酒、羊毛がとれる。ポルトガルが、イングランドに対して、ブドウ酒でも、羊毛でも、「絶対優位」である。

ちょっと考えると、貿易が起こらないように思われる。どちらの商品も、ポルトガルでつくったほうが安いのだから。

けれども、この条件下でも、貿易が起こる。その条件は、貿易がない場合の、イングランドとポルトガルの国内価格（ブドウ酒と羊毛の交換比率）が異なること。たとえば、それが、つぎの表のようであるとする。

すると、貿易が起こる。

あなたが、イングランドの貿易商人であるとする。あなたは手元資金で、ありったけの羊毛を買って、ポルトガルに渡る。そして、それをブドウ酒に交換して、イングランドに戻り、それを羊毛に交換する。ほら、儲かったでしょう（簡単のため、輸送費は、物理学

	ブドウ酒	羊毛
イングランド	120	100
ポルトガル	80	90

数字は品目1単位をつくるのに必要な投下労働量（価格と正比例）

＜比較優位の定理＞

二国のそれぞれが比較優位な品目（イングランドは羊毛、ポルトガルはブドウ酒）に生産を特化して貿易すれば、そうでない場合に比べて、経済状態が改善する（あるいは、少なくとも悪くなることはない）。

の摩擦のようなものとして、無視している）。

これを繰り返すと、あなたはいくらでも儲けることができる。

ただし、貿易の結果、両国の国内価格（二商品の交換比率）はだんだん、近づいて、ついには一致してしまう。一致してしまえば、貿易しても利益はうまれないから、貿易は停止する。

＊

さて、このことを考えるなら、イングランドは、ブドウ酒をつくるのをやめて、羊毛に集中すべきである。ポルトガルは、羊毛でなく、ブドウ酒に集中すべきである。そのほうが、貿易をしない場合に比べて、両国の富（資源）は増加するからだ。

このような場合、イングランドはポルトガルに対して、ブドウ酒よりも羊毛において、「比較優位（comparative advantage）」をもつ、という。比較優位をもつ商品に特化して、自由貿易の利益を享受すべきなのだ。

この結論は、二国二商品でなく、n国m商品の場合にも一般化できる。

これが、比較生産費説。自由貿易を擁護する、リカードの議論として、有名である。

＊

この議論は見事なものだ。だが、労働価値説にもとづいていないことが、理解できたろうか。リカードは、イングランドとポルトガルでは、同じ商品（ブドウ酒と羊毛）を生産するのに、必要な労働量が異なる（生産関数が異なる）と想定している。すなわち、労働価値説が成り立たないことを、前提にしているのだ。

比較生産費説そのものは、労働価値説と切り離して、両国の国内価格が異なるという条件だけで、成立することが知られている。けれどもリカードが、労働価値説にこだわっているわけではない点に、注目すべきなのだ。

＊

国際貿易論（比較生産費説）だけでなく、地代論でも、リカードは労働価値説をとっていない。

リカードの地代論は、差額地代説としてしられている。

農地に、一等地、二等地、三等地、の三種類があったとする。一等地は生産性が高く、同じ労働を投入しても、収穫が多い。二等地はその次。三等地はもっとも劣悪である。生産される小麦の品質は同一だとすると、三等地の地代はゼロ。二等地は少し地代が生じ、一等地はさらに高い地代が生じる、とリカードは説明した。

やはり、労働価値説の前提が崩れている。リカードは、議論の必要に応じて、労働価値説をとったり、とらなかったりする。リカードは、労働価値説が、仮説にすぎないことをよく認識していたわけだ。

マルクスの一貫性

マルクスはこれが、気に食わない。

労働者を解放する理論の基礎となる、『資本論』を書くためには、労働価値は、仮説ではなく、実体でなければならない。

『資本論』は、まるごと一冊、労働価値説で終始一貫していなければならない。

そうすると、国際貿易をどう扱うか。扱うと、労働価値説が崩れてしまう（両国で、商品の価値が等しいとすると、貿易が起きない。価値が異なるとすると、労働価値説にほころびが生じる）。そこで、国際貿易は、扱わないことにすると決めた。だから、『資本論』には、国際貿易の話は一切出てこない。一国モデルなんです。一国モデルにして、そこから逸脱する話題には目をつぶる。そうやって、労働価値は実在であると考える、マルクス経済学を樹立した。

労働価値が実在でなければ、革命は起こすことが正しい、とは言えなくなるからね。

＊

というわけで、マルクスは、リカードと対抗関係にある。リカードと別なことをやりたい、という意図が、『資本論』にははっきり表れている。リカードが条件つきでのべていたことを、『資本論』は無条件であるかのように打ち出している。

搾取と革命

価値の唯一の源泉が労働であるなら、その成果（生産物）である商品はそのまま、労働者のものであるべきだ。

でも実際には資本家と地主がいて、労働者からそれを横取りしてしまう。搾取だ。

＊

搾取があると、商品の価値とその価格とは、乖離《かいり》する（一致しない）。このことをリカードは、当然のことと考えていた。

これに対してマルクスは、こう言う。資本家と地主がいるから、労働者が搾取される。商品の価値と価格とが、乖離する。乖離してはならない。搾取があってはならない。どうする？　資本家と地主が存在してはならない。

そういう本になるんですね。

＊

これが、『資本論』を読むということの意味。リカードと対照しなければ、『資本論』の意味するところはわからない。ほかにも、対照しなければならない本は、いっぱいありますよ。でもここが、ポイントのひとつですね。

ヘーゲルの弁証法

さて、『資本論』の思想には、「背景」がある。

この背景になっているのは、ヘーゲルの弁証法です。

ヘーゲルとか弁証法とかいうと、これだけでややこしい。簡単に説明しましょう。

＊

ヘーゲルの弁証法（Dialektik）とは何か。歴史のことだと思えばいい。社会には歴史がありますよ、なんです。

翻《ひるがえ》って、アダム・スミスや、リカード。彼らも、歴史があるということぐらいは知っている。でも、彼らの本の中には、歴史がない。物々交換をやっていた原始社会が、突然、近代社会になる。突然、近代社会になるきっかけは、社会契約です。人びとが合理的に契約を結んで造ったのが、近代社会である。それは、契約に基づかない中世社会なんかに比べて、ずっとマシである。

契約によって、いきなり近代社会ができあがる。それは、スミスもリカードも、近代社会を「モデル」によって、合理的に考えようとしているからですね。

＊

社会契約説のポイントは、人びとが合意によって造ったものを、誰かが壊してはならない、と考えるところです。

マルクスがやろうとしているのは、資本家や地主が合意しなくても、労働者だけの考えで社会をつくり変えてしまおう、でしょ。社会を壊している。

となると、マルクス主義は、社会契約説に立つことができない。近代社会の成立には合意がなかった、というのがマルクスの主張です。

＊

では、何があったのか。歴史がなきゃいけない。

で、見渡してみると、イギリス系の思想じゃなくて、ドイツ哲学の系譜に、ヘーゲルというひとがいて、弁証法なるものによって哲学を構成していた。これは、近代に進んでいくのに歴史があります、それは人間精神の発達によるのです、みたいになっているわけですね。

これが、マルクスが、ヘーゲルを議論の下敷きにしなければならない、理由です。

弁証法の背景

ところでヘーゲルにも、背景がある。ヘーゲルの背景は、キリスト教神学なんです。ヘーゲルは最初、神学を研究して、神学の論文を書いていた。神学だから、「父と子と聖霊」の関係を考えます。

ヘーゲルは、それを世俗化して、現実社会に適用するやり方を考えた。つまり、弁証法というものを生み出した。それをマルクスは、そっくりコピーしているんです。

＊

歴史が成立するためには、人間個々人の生き死にと関わらない、一貫した視点が必要です。その視点を持っている誰かは、死なない。誰かの死なない視点を手に入れないと、歴史は書けない。

さて、歴史を書いた民族が、いっぱいいる。ユダヤ人も歴史を書いたんですけど、どうしてかというと、ユダヤ人は一神教で、ヤハウェという神がいると信じていた。ヤハウェはいつでも、ヤハウェの民であるイスラエルの民族を見ている。イスラエルの民族は世代を重ねて、生まれては死んでいくけれど、イスラエルの民族に責任をもっているヤハウェは、死なない。そしてときどき、預言者を送って、指示を与える。預言者の言葉や、それぞれの世代の人びとのふるまいを、記録していくと、歴史になる。

＊

歴史を記録してみると、ある時代に起きた、一見不合理な出来事の背後にも、合理性があると考えることができる。それを、神の計画、という。たとえば、なぜユダヤ民族は外国にいじめられて、こんなひどい目に遭うのか。それはじつは、つぎの世代で、ヤハウェが救いを用意してくれるための、準備ですよ、みたいな。

たとえば、ヨセフ（アブラハムのひ孫）が、兄弟の手で、エジプトに売られてしまう。こんなひどい目に遭うのはなぜかというと、そのあと飢饉があって、人びとがみんなでエジプトに逃げて行って、生き長らえるための準備だった。そのあと、エジプトで四〇〇年間も奴隷にされてしまう。でもそれも、モーセに率いられて、再び約束の地に入っていけるためだった、とか。

歴史は、そういうものなのです。

＊

ヘーゲルはもちろん、聖書をよく読んでいるから、そういう歴史の考え方をよく知っている。そしてそれを、世俗の哲学に応用したらどうなるかと考えて、弁証法なるものをこしらえた。だから、弁証法は、歴史を記述する能力がある。そして、一見非合理な現実の背後にある合理性を、取り出せる。

歴史法則

マルクスに言わせると、資本主義社会は、非合理そのもの。けれども、こういう歴史段階が生まれたのは、歴史がその先のステップに進んでいくための、計画のようなものである。この計画のことを、歴史法則という。

こうして、マルクス主義歴史学が成立する。そして、モーセのように、人びとを導いて歴史をつぎのステップに進める、共産党が成立する。共産党が、資本主義社会を打倒する革命を実行するという、政治革命のプログラムができる。

このように、弁証法や歴史って、マルクス主義にはどうしても必要なものなのです。

＊

さて、こんなことは、『資本論』には一切書いていない。でも、このように理解しなければ、『資本論』を読んだことにはならない。

以上、『資本論』の、構造、意図、背景についてのべました。

レヴィ＝ストロースの構造

もう一人、レヴィ＝ストロースをとりあげます。

レヴィ＝ストロースは、私が昔、少し研究していたんですね。

レヴィ＝ストロースというひとは、フランスの人類学者で、ユダヤ系なんですけれど。

主著が二つあると言っていい。

ひとつは『親族の基本構造』といって、親族の研究です。もうひとつは『神話論理』といって、四巻本の、神話研究です。扱っていることは違うが、両方とも、同じ方法に基づいている。これを、構造主義という。

＊

さて、レヴィ＝ストロースの思想にも、「構造」がある。

その構造は何かというと、構造主義の論理ということです（ここでいう構造は、構造主義が唱える〈構造〉のことではないので、ちょっとややこしいですが、がまんしてください）。

構造主義なるものは、レヴィ＝ストロースが始めるまで存在しなかったから、この本を読むのは難しい。でも、どんな時代にも、初めてそのひとがその考えをのべました、という本が必ず存在する。その場合には、それまでの知識は使えない。こういう本にぶつかる場合もあるのです。

そういう場合は、この時代に生まれたことの幸せを噛みしめつつ、その本にチャレンジするといいですね。

ソシュールの発見

さて、レヴィ＝ストロースの本にはいろいろ書いてあるけれど、言語学の話が多い。

ソシュールというひとがいた。一九世紀の終わりから二〇世紀初めにかけて活躍した言語学者で、『一般言語学講義』という本を残した。ソシュールが、現代の言語学をつくったひとりなのです。

ソシュールは、言葉や記号の成り立ちを分析する方法を考えた。ひと口で言うと、記号は、対立でできている。そう、対立。

＊

『はじめての構造主義』で使った例を、あげましょう。この本は、講談社現代新書から出ている、構造主義の入門書です。もう三〇年も前に、私が書きました。

／イス／と／イヌ／は、日本語ですね。／イ／のところは同じだが、／ス／と／ヌ／が違う。音として、区別がある。対立しているわけ。日本人は、／ス／と言えば、「す」だと思う。／ヌ／と言えば、「ぬ」だと思う。じゃあ、「す」や「ぬ」は、実在しているのか。日本人の頭のなかでは、つまり、日本語のなかでは、実在しているように思えるのだけれど、外国に行ってみれば、そんなものは、雲散霧消してしまう。外国の言葉では、まるで違うところに対立があったりするわけです。

でもとにかく、日本人は／ス／と／ヌ／を区別する。／ス／と／ヌ／を区別することによって何を区別しているかというと、／イス／と／イヌ／を区別しているわけ。／ス／と／ヌ／が区別できなければ、／イス／と／イヌ／が区別できない。「いす」と「いぬ」には共通点があります。四本の足がある（笑）。だけど、違う点が多いから、違うものですね。

＊

ここから先を、どんどん考えていくことができる。

「いす」も「いぬ」も、実在するように見える。日本語を使っている人びとの頭の中では、椅子も犬も、そこにあるじゃないか、ということなんだけれど、ソシュールはそれも錯覚だと言う。もともと、椅子や犬が、存在したわけではない。対立の中で、「これは犬だよね」とか「これは椅子だよね」とかというふうに、取り出されたものにすぎない。

言葉は、対立でできている。

言葉ができあがると、世界は言葉に合わせて、切り取られる。

言葉の世界を生きている人びとは、世界がそういうふうにできていると、信じ込んでしまっている。だが、そのことには根拠がない。——これが構造主義の、いちばんのポイントですね。この考えは、ソシュールから出発したと言ってもいい。

＊

そうすると、人間の生きている現実はほとんど言葉でできているんですが、ある意味、錯覚なんです。物理学の扱うような質量などの、手応えのあるモノと違っている。言語はいくつもあるでしょう。日本語のほかに、英語とか中国語とか。つまり、人間の考え方にいく通りもある。というふうに、物理学と違って、人文系の学問は、ただひとつの真実があります、というふうにはなかなかならない。

人間であることの証明

そこでレヴィ＝ストロースが考えたのは、こういうことです。

人間の生きる世界は、たった一つではない。日本語の世界、英語の世界。それに、いわゆる未開人の世界、と何種類もある。その関係は、どうなっているのか。まったく無関係ですか？

もしも、まったく無関係だったら、同じ「人間」という観念が成り立たない。

奴隷制の当時。植民地にいる有色人種は「半人前」だと思っていた人びとが多かった。彼らは非合理で、ちゃんと字も読めず、学問もできず、迷信にとらわれている。ちゃんとした政府もつくらず、社会もつくらず、要するに「半人前」で、「半人間」。人間じゃないんだから、人権もない。よって、奴隷にしていい。こういう考え方で、三〇〇年ぐらいやってきていた。

そのあと、奴隷解放になったのだけれど、差別はなくならない。レヴィ＝ストロースが人類学を学んだ時代はまだ、植民地は独立していない。主権を奪われていた。

そこで、レヴィ＝ストロースは、みんな人間として対等であることを、証明したいと思った。

＊

構造主義は、その証明をしているわけです。

言葉がいくつあっても、そのつくりは、本質的に同じ。親族のつくり方。オーストラリアの先住民のこみいった何とかシステムとか、交叉《こうさ》イトコ婚の何とかシステムとかあるけれども、基本的アイデアはみな同じです、などと主張する。

これが、構造主義の中身（本の構造）です。これは、本を読めばわかる。

神話研究のほうは、もっと洗練されていて、こみ入っているけれど、基本的なアイデアは、親族研究と同じだと考えてよい。

＊

近代主義者と距離を取る

著者の思想には、「意図」がある。

レヴィ＝ストロースは若いころ、まじめなバリバリの社会主義者だった。マルクス主義者だったと言ってもいいかもしれない。フランス知識人の一員として、世の中をよくするために、現実の政治闘争を頑張りましょう、みたいな感じだった。

でも、第二次世界大戦が迫ってきた。勤務先のブラジルから急いで帰国し、陸軍に入隊したら、ナチス・ドイツが攻めてきて、あっという間にフランス軍は降伏。除隊になったけれども、対独協力政権の、フランス国内にいると危ない。ユダヤ人は見つかったら、収容所送りになりかねない。そこで、マルセイユまで逃げて、そこから難民船に乗って、ボートピープルとなって、キューバの辺りまで行った。でもアメリカ入国のビザがなかなか取れなくて……といった、辛酸をなめている。

＊

この経験から、フランスという国、ヨーロッパのシステムのもろさ、危うさも身にしみている。ヨーロッパの知識人たちは、口でもっともらしいことを言いながら、ひと皮剝ければ、たちまちユダヤ人を差別し、見捨てた。こんなヨーロッパ思想の嘘っぽさを、信用できるだろうか。

レヴィ＝ストロースは、マルクス主義も、社会主義も、もうダメだと思った。人間は進歩・発展するもので、だから歴史があって、知識人はそのために戦わなければいけない、という考え方に、危険を感じた。マルクス主義は、ナチズムに似たところもある。とにかく、根本に立ち戻って反省しなければ、と考えた。

ヨーロッパ文明の病根は、ナチズムに見つかるが、マルクス主義にも見つかる。いや、自由主義、近代主義にも見つかるのではないか。なにしろ、自由主義、近代主義が、植民地をうみだした当のものなのだから。

＊

じゃあ、どこまで遡《さかのぼ》ればいいのか。

レヴィ＝ストロースはそう、考えたと思うのです。そして、人間が言葉を話していて、そういう意味で理性的な存在であるという、そこまで遡って、そこで踏みとどまって、そこから戻ってくるしかない、と思い至った。

この「理性」は、フランス百科全書派が言っているみたいな、お上品な理性ではない。もっと、野生的なものである。文字がなくてもいい。だからレヴィ＝ストロースは、『野生の思考』を書いたのですね。

＊

レヴィ＝ストロースは、文字があるかないかが、人間の理性のしるしになると思ってはいない。無文字社会も同等に、人間の文化として価値があると考えた。無文字社会が文字社会と同等に価値があるなら、そこには歴史はないでしょう。ということは、社会の中に、歴史の時間は流れていない。当然、マルクス主義なんかウソだ。近代主義も怪しい。

他の著者との関係で言えば、レヴィ＝ストロースは、これら近代主義者たち全員と距離を取らなきゃいけないから、大変なことだ。

構造主義と数学

さて、レヴィ＝ストロースの思想には、どんな「背景」があるか。

＊

レヴィ＝ストロースが自分で種明かしをしている。インタヴューで、「レヴィ＝ストロースさん、あなたのバックグラウンドは何ですか？」と聞かれて、三つありますと答えたんです。まず、マルクス主義。正直に、かつて社会主義者だったことを明らかにした。それから、フロイト。三つめは、地質学。叔父と一緒に山野を歩き回って、博物学の手引きをしてもらったという。そのときに、地質学に興味をもった。

＊

マルクス主義、フロイト、地質学。この三つはどれも、表面にあらわれておらず、背後に隠れているもののなかに、ダイナミックな構造を探り出す方法をもっている点が、共通している。

マルクス主義は、ブルジョアの虚偽意識をはねのけて、歴史の根底に階級闘争を見出すべきだとする。それが共産主義の、真実の認識である。フロイトの精神分析は、本人が意識できない無意識の領域があって、そのドラマが人間の人格をかたちづくっていると考える。地質学は、表面に現れている地層から、断層や褶曲《しゅうきょく》や、火山の噴火といった、地質の現状を形成するダイナミックなメカニズムを考える。私は中学、高校と地質部に所属していたので、そのあたりの感覚は、よくわかる。

＊

ただし、本人がのべている背景は、必ずしも信用できない。私はなんとなく釈然としないものを感じつつ、修士論文（「初期レヴィ＝ストロース研究――『親族の基本構造』を中心にして――」）を書いたのだけれども、そのあと、現代数学こそが構造主義の背景になっている、と確信するようになった。

このあたりのことは、『はじめての構造主義』（講談社現代新書）の3章に詳しいのですが、要点を言えば、こうです。

『親族の基本構造』の真ん中に、「数学付録」がついている。オーストラリアの先住民の社会に、婚姻クラスというものがあって、わかりやすい規則から複雑な規則まで、いろいろあって変則的なんです。それをどう処理できるか、いろいろ考察してある数学付録で、たいていのひとは読み飛ばしちゃうんだけど、著者として、アンドレ・ヴェイユの名前が載っている。シモーヌ・ヴェイユのお兄さんで、数学者ですね。それはよいが、どういうつながりでここに「数学付録」が載ってるんだろう。疑問に感じた。

そこでもう少し調べたら、アンドレ・ヴェイユは、ブルバキ派のメンバーの一人だとわかった。ブルバキというフランス現代数学のグループがあって、英米系の数学とちょっと違っている。当時、流行りだったんですね。そうか、レヴィ＝ストロースは、ブルバキ・グループとつながりがあるのか。そういえばオーストラリアの婚姻システムは、群論だとか、置換群だとか、そんなふうに説明される。現代数学と関係があるかもしれない。

視点の移動

岩波書店から出ている『ヒルベルト』という数学者の伝記を読みました。ヒルベルト空間が、相対性理論など現代数学に関係がある、と紹介してあった。その流れで、クラインの『エルランゲン・プログラム』という本も読みました。非ユークリッド幾何学ができあがるころのアイデアが、いろいろ紹介してある。射影幾何学やトポロジー（位相数学）に関係がある。射影幾何学には、視点を動かすとか、特定の視点を絶対化しないとかいう考え方があるのです。

ユークリッド幾何学は、座標系がこうあって、視点は神の視点で、場所と時間は絶対的にこの世界にそなわっている。ニュートン力学は、ユークリッドの座標を前提するんだけど、相対性理論になると、観測者との関係で、これが歪《ゆが》んでいくでしょ。数学では、物理学より一歩早く、そうした考え方が準備されていた。

*

構造主義は実は、この流れに乗っているんじゃないかと、そのときに思ったのです。そこで、あとはストーリーにして、『はじめての構造主義』を書いた。この数学の話は、どこかに書いてあったわけではなく、私が勝手に思いついた。

局所／全域

構造主義の背景には、数学があるんです。

いくつかその証拠はある。

トポロジーとか微分幾何学の用語に、局所／全域、という対があるんです。局所（ローカル）というのは、数学では、ある点の近所という意味。その点の近所で成り立つ性質をいう。全域（グローバル）というのは、集合の全体という意味。全体の性質と近所の性質とが、違うわけですね。

＊

『親族の基本構造』に、このことが出てくる。

レヴィ＝ストロースは、親族呼称（kinship terminology）をとりあげている。親族呼称とは、父親、母親、キョウダイ、子ども、オジ、オバ、オイ、メイ、イトコ、もっと遠縁の人びとなどを、どういうふうに呼ぶかという呼び方のリスト。人類学では必ずこれを、最初に調べるんです。それを系図の一覧にまとめていく。

社会によって、大別すると、五つのタイプがあることが知られている。

これは、どういうことか。その社会に生きているある誰か（数学でいうと、点）から見たら、その社会（親族のつながり）はどう見えるか、をのべたものになる。つまり、近傍の地図である。

それに対して、社会の全体についての、見取り図もある。限定交換／一般交換、のような交換システムの概念がそれです。その社会の全体で、資源（物財）や女性や言語が、どのように流通しているのか。そのシステムが、親族ですね。そのタイプを類別している。これは、全域の性質で、局所（ローカル）にはそのごく一部が現れるだけである。

＊

全域の性質（交換システムのあり方）がどうであるということと、局所の性質（親族呼称）がどうであるということ。この対応をつけるのでないと、どちらの意味もわかりませんよ。そういう分析方法で、『親族の基本構造』はできている。

これは、微分幾何学のやり方なんです。用語の選択や、分析方法で、そのことがだいたいわかる。だから、私は、そんなにデタラメを言ってるわけじゃないでしょ？

作業は終わらない

レヴィ＝ストロースの背景は、マルクス主義とフロイトと地質学です。嘘じゃないのだけれど、でもそのほかに、大事なことが隠してあるかもしれない。大事なことほど、本のなかには書いてなくて、著者がどこかに隠しているかもしれない。

こういうことは、本を読んでもすぐにはわからない。何年か、何十年かして、あるきっかけで、ああ、そうかもしれない、とうっすら気がつく場合もある。でもそれを、検証する方法もなかったりする。

だから、本を読むという作業は、エンドレス。終わりがないのです。

ささくれと引っかかり

大物の著者を取り上げ、具体的に、構造、意図、背景について話しました。

意図、背景にまで行かなくて、構造がわかっただけだったら、ある著者がすごいことを考えていました、私にはそれが理解できました、というだけの話になる。

意図は、たくさん本を読むとわかるようになっていく、と言いました。じゃあ背景は、どうやってわかるようになるか?

＊

構造を理解すれば、本を読んだことにはなるんだけど、そのときに、構造と無関係な、何かささくれや引っかかりのようなものが残るわけです。

たとえば、アンドレ・ヴェイユは、本の全体の流れからしたら関係ないけど、何でこんなところに「数学付録」が付いていて、なぜヴェイユが載ってるのだろう。この背景は何だろう、と思うんです。

フーコーの誤訳

数学の関連で、もうひとつ。

ミシェル・フーコーという人がいて、『知の考古学』(L'archéologie du savoir) という本を書きました。日本語訳が出たけれど、ひどい訳だった。そこで新しい訳が出たんだけれど、やはりひどい訳だった。読んでも全然、わからない。

大事な本なので、ぜひ読みたい。仕方がないから、フランス語の原典と並べて読んでいくと、ごっそり誤訳があることがわかった。

外国の本を読む場合は、誤訳がつきものです。これは、第三章でものべたけれど、読者としてはなかなか大変です。

＊

この誤訳がなぜ起こったか考えてみると、著者の意図と背景について無知なまま、本を読むから。意図と背景は、本のなかに書いてあると限らないから、仕方がないと言えば仕方がない。

たとえば、セリー（série）という語を、翻訳では「系列」としている。たしかに辞書には、系列と書いてある。でも数学では、「点列」なんです。その前後には、ほかの数学用語がたくさん並んでるんだから、点列と訳すのが正しい。解析学には、収束点列というのがありますね。1/2, 1/4, 1/8, 1/16, ……という点列があると、0に収束する。分数は0にならないけれど、その極限値が0である。これが収束ですが、点列はその前提となる概念です。

『知の考古学』には、観測できる言説（ディスクール）とか言表（エノンセ）とかが、集合（収蔵庫）をなしている。言表は、点列ですよ、と書いてある。そこにはいろいろな関数が設定されて、そこにある構造が生まれていますよ。こういうことを考察するのが、知の考古学です。そう書いてあるのに、そのことがまったく伝わってこないわけです。

フーコーも、レヴィ＝ストロースと同じように、抽象代数学の言説を使おうとする意図がある。たぶんフーコーの権力分析は、相対性理論（重力場の理論）から、多大な影響を受けている。

伝記を読む

背景についてもう少しだけ。

レヴィ＝ストロースのように、本人の体験や、どういう人生を送ってきたかというところにも背景はある。本を読む前に、その著者の、伝記があれば伝記や、そのほかのインタヴューや紹介記事を読むみたいなところから入っていくというのも、ひとつの方法ではないかと思う。

河出書房新社の『世界の大思想』や、中央公論社の『世界の名著』、講談社の『人類の知的遺産』みたいなシリーズは、おおむねそうしたコンセプトでできている。主要著作のほかに、解題とか解説とか、生い立ちとか、関連の情報が載っている。とっかかりに、そういう本をまず読むべきです。

大著者一〇〇人

マルクスとかレヴィ＝ストロースとか、時代を突き進み、突き抜けるような、大著者というのがいるんです。

大著者は、何人ぐらいいるかっていうと、一〇〇人ぐらいかもしれない。もっと小粒な著者を入れると、一〇〇〇人以上かな。でも、ほんとの大著者は、そんなにいるはずがない。まあ、一〇〇人ぐらいと考えておけばいい。残りの著者は、大著者の派生形なの。だから大著者を知っていれば、あっと言う間に読めてしまう。

高校の物理や数学をやったひとが、中学の理科や数学の本を、どれぐらい時間があれば読めますか。もうページを繰っていくだけ。あっと言う間でしょう。何が書いてあるか確認するだけ。

大著者と派生著者の関係は、それです。

もちろん、派生著者もいなくちゃダメですよ。みんな世の中の役に立っている。でも、可能なら、大著者に挑戦すべきなんです。


ファッションに似ている?


大著者と派生著者の関係を、ファッションになぞらえるなら、流行をつくるのか、流行を追いかけるのかの違い。

流行は、どこかに震源があるでしょう。パリでデザイナー(大著者)の誰それが、こういう色を使ったというのが、大事件になって、それが世界中に伝わり、派生著者たちの二次創作がどっと始まる。それぞれのブランドが、今年の新色とか、流行アイテムとかを売り出す。それがしばらくすると、「しまむら」に出てきたりする。

見る人が見れば、あっ、このトレンドのこのデザインは、こういう組み合わせだな。このファッションはこういうコーディネーションだな、っていうふうに分析できてしまうわけでしょ。これは、すごいことなんだけど、ある意味、とても窮屈。だって、それはお勉強の世界で、大著者がいたので、それにぞろぞろついていきましたという話である。ついていくことに、必然性や個性はないですからね。

流行を追いかける。それは、ファッションを全然知らないひとじゃないですよ、私、という証明にはなるけれども、多少、悲しいことです。なぜなら、大著者はそれを、絶対にやらないだろうから。そのひとは、先頭なんだから、誰にもついて行かない。

＊

すると、意地とプライドのあるひとは、大著者にはならないかもしれないが、でも、私は誰にもついていきませんと決めて、毎年黒い服しか着ないとか、になる。そういうひとがたまにいるでしょう。それは、ひとつのやり方。ファッションは自分が楽しければいいんだから。あと、みんなとの協調性とか、調和とか、あとちょっとそこに自分の個性とかがあればいいんだから。

でも本を読むっていうのは、ファッションではない。

大著者の世界

大著者は、世界に一〇〇人いればいい。

そのひとはまずもって、生まれついての素質に恵まれていないといけない。
そのうえに、集中と訓練が必要。いろいろなことに気が散らないで、あきらめたことも山のようにあって、日々、自分の時間や体力やあらゆるエネルギーを投入して、大著者としての知的レベルを維持している。イチローみたいな一流スポーツ選手の集中と訓練は、大変なものじゃないですか。ああいう感じです。

*

大著者たちの考え方で、この世界はかなりできあがっている。それを読解する力があると、やっぱり、歩いている人のファッションが全部わかるように、楽しい。それから、自分の個性やユニークさがどこにあるか、私のこだわりがどこにあるかということもはっきりわかる。
そういう意味では、自分でものを書いたりしない読み手にも、いろいろな楽しみ方が用意されている。

カントとヘーゲル

大著者を挙げるなら、カントとヘーゲル。カントのほうが、ヘーゲルよりもだいぶ立派だと思う。

カントは、信仰を持ってはいても、哲学の場に信仰を持ち込まない、という原則を徹底した。宗教と哲学が分かれないと、哲学は自立できない。デカルトから、だいたいそうなっていますけれど、それを徹底して、整理した。哲学の完成ですね。

カントは、自分に与えられた課題を理解して、徹底的にやりきった。

ヘーゲルは自分の課題を徹底的にやりきっているけれども……ちょっとロマンチストだな。なぜかと言うと、カントは論理しか使っていない。論理とは、論理学の論理で、万人が理性で納得できるもの。これに対して、ヘーゲルの弁証法は、論理ではない。弁証法はもうはじめから、非論理なわけ。はじめから非論理なヘーゲルなんて、哲学のうちに入れない、入れたくない、というのが英米系の伝統的な考え方だと思う。

ただドイツでは、長い間、ヘーゲルがいちばん偉い哲学者で、カントを乗り越えたみたいに思うひとも多かった。そのヘーゲルの影響は、日本にも連綿とつながっている。

＊

ヘーゲルは、ドイツ国家が成立することによって、ドイツ市民社会が完成する、と考えていた。まだ、ドイツ帝国が存在しなかった当時の時代状況からすれば、わかりやすい考え方だった。今になぞらえて言えば、ＥＵができることによって、ヨーロッパが完成するみたいな考え方です。

ＥＵは、ロマンでしょ。論理的にＥＵがなきゃいけないというものではない。ＥＵがあるといいなとみんなが思って、コミットするということだから。

宮台真司と東浩紀

たとえば、宮台真司さんの本を読もうと思うと、書いてあることは読めばなんとかわかる。でも、宮台さんの考えのもとになっている学問がわからないといけない。ルーマン（ドイツの社会学者）のシステム理論が、社会を考える基本の枠組みになるというのが、宮台さんの考え。それを理論的にもやるが、現実に応用して、サブカルチャー、ユースカルチャー、現代文化など、誰が誰をコントロールしているのか意味不明な、モコモコした日本社会を分析するツールにしている。

宮台さんに言われると、なるほどそうだな、と思う。そのなるほどの部分は、著者・宮台さんのユニークな思想に構造があって、理解すればわかるということなのだが、その宮台さんの背景には、さらに大著者が控えているからね。それとの関係で理解すると、いちばんよく理解できる。

＊

同じように、東浩紀さんの思想は、デリダとの格闘の産物である。その大著者との関係で、いい仕事をしている著者なのですね。最近の『観光客の哲学』は、デリダから出発した初心が、ずっと貫かれていることを、はっきり表しています。

＊

同時代として新しいことをきちんと考えていこうと思ったら、大著者を見つけて、それとの関係で仕事をするのが、いちばん話が早い。大著者になるひとも、中著者や派生著者にとどまるひとも、どんなひともまず、大著者との関係で仕事をする。そのことを知っていれば、本を読む手がかりになります。

大著者が行方不明

現在、同時代では誰が大著者なのかわからないけど、それは事後的にわかる。いまはみんな切磋琢磨している最中だから、わからない。著者本人にもわからないし、読者にもわからない。

読者としては、同時代のものも読んだほうがいい。過去に書かれた本は、大著者が誰かはっきりしていていいけれども、大著者はいまの課題について、知らないのだし、詳細にのべてくれるとは期待できない。いまの時代について書いている著者の本を、読まなければならない。

＊

同時代の著者の本を読むのは、けっこう困難なのですよ。困難なときに、複数の人間で読書会みたいなかたちで本を読むと、アンテナが三倍、五倍に広がるから、ずいぶん助けになるんです。

特別付録　必ず読むべき「大著者一〇〇人」リスト

まず読むべき本には☺、とても難しいチャレンジ本には☹をつけた

○古代・中世

代表作	著者
□『リグ-ヴェーダ』…神々を讃える最古の聖典	
□『真理のことば』☺…初期の素朴で力強い教え	ブッダ
□『アヴェスター』…ゾロアスター教の根本聖典	
□『クルアーン』…『コーラン』ともいう、ムハンマドへの啓示	
□『聖書』…旧約聖書＋新約聖書、一家に一冊	
□『イリアス』…トロイ戦争でアキレウスが活躍 □『オデュッセイア』…オデュッセウスの放浪と帰還	ホメロス
□『ソクラテスの弁明』…勇敢に演説するも死刑に	プラトン
□『論理学』…二〇〇〇年使われた教科書 □『形而上学』…哲学の原理をのべる論集	アリストテレス
□『幾何原本』…公理から定理を証明する	ユークリッド
□『義務について』…堂々たる弁論の模範	キケロ
□『対比列伝』…ギリシャ／ローマの偉人伝	プルタルコス
□『論語』☺…弟子がまとめた孔子の言行録	
□『孫子』…戦わずに勝つのを最善とする、戦略思考	
□『史記』…中国王朝の正史のはじめ	司馬遷
□『枕草子』…辛口コメントがさえる	清少納言
□『源氏物語』…次第にオジさん化する光源氏	紫式部
□『正法眼蔵』☹…禅で読み解く仏教の本質	道元
□『教行信証』…親鸞流・仏教の本質はこうだ	親鸞
□『徒然草』☺…漢字仮名まじり文の原点	吉田兼好
□『神皇正統記』…南朝が正統であると論証	北畠親房
□『立正安国論』…法華経が日本国の基本	日蓮
□『神学大全』☹…大部の論争集	トマス・アクィナス

□『**歴史序説**』…遊牧民は定住すると軟弱になる	イブン・ハルドゥーン
□『**三国志演義**』…劉備ら三人が「幇」を結ぶ	
□『**水滸伝**』…豪傑が「幇」を結び大暴れ	
□『**西遊記**』☺…なぜか妖怪は三蔵を食べたがる	

○近代小説

□『**ハムレット**』☺…なぜ悩むのか悩ましい □『**リア王**』…自業自得の悲劇だが □『**ジュリアス・シーザー**』…演説のお手本	シェイクスピア
□『**ドン・キホーテ**』…近代小説の第一号	セルバンテス
□『**トム・ジョーンズ**』…平民が成り上がる	フィールディング
□『**赤と黒**』☺…野心ある若者が成り上がる	スタンダール
□『**ゴリオ爺さん**』…パリの下宿屋の人間模様	バルザック
□『**アッシャー家の崩壊**』…怪しく狂おしい文体	エドガー・ アラン・ポー
□『**白鯨**』…エイハブ船長の狂気／鯨は神か	メルヴィル
□『**ボヴァリー夫人**』…人妻が都会に憧れ夢破れて自殺	フローベール
□『**アンナ・カレーニナ**』…不倫は当然の報いを受ける	トルストイ
□『**カラマーゾフの兄弟**』…謎の殺人事件 □『**罪と罰**』…これも殺人事件、犯人ばれ □『**地下生活者の手記**』…あなたのことかも	ドストエフスキー
□『**たけくらべ**』…下町に生きる女性の奇跡の描写	樋口一葉
□『**狭き門**』…なぜ信仰に生きるのか	アンドレ・ジッド
□『**阿部一族**』…自死に至る、組織の横暴と恥辱	森鷗外
□『**こころ**』…私は先生からぶ厚い遺書を受け取る	夏目漱石
□『**失われた時を求めて**』…ふとした回想が作品に昇華される	プルースト
□『**変身**』☺…銀行員が虫になった □『**審判**』…覚えのない裁判に召喚される □『**アメリカ**』…若者がアメリカで出会う不条理	カフカ

□『**阿Q正伝**』…無名の民衆の悲惨さと偉大さ	魯迅
□『**ユリシーズ**』…ダブリンの長い一日 □『**フィネガンズ・ウェイク**』…文章がまったく意味不明	ジェイムズ・ジョイス
□『**魔の山**』…入院患者たちの哲学論議	トーマス・マン
□『**華麗なるギャツビー**』…怪しいセレブの心の闇	フィッツジェラルド
□『**チャタレー夫人の恋人**』…伊藤整の翻訳は発禁に	D・H・ロレンス
□『**夜の果てへの旅**』…世界を呪いながら彷徨する自画像	セリーヌ
□『**人間の条件**』…上海で苦悩する革命家たち	アンドレ・マルロー
□『**ライ麦畑でつかまえて**』…俗物に苛立つ若者の俗物性	サリンジャー
□『**ゴドーを待ちながら**』…来ないのはイエスなのか □『**ワット**』…狂ったワットの意味不明な半生	ベケット
□『**老人と海**』…釣った獲物は鮫に喰われる	ヘミングウェイ

○近代思想

□『**キリスト教綱要**』…第4版に予定説あり	カルヴァン
□『**戦争と平和の法**』…戦争もルールに従わねばならぬ	グロティウス
□『**方法序説**』…明晰判明な思考の積み重ね	デカルト
□『**リヴァイアサン**』…契約で生まれる主権国家は怪獣だ	ホッブズ
□『**エチカ**』…幾何学をモデルに社会哲学を構想	スピノザ
□『**統治二論**』…市民は横暴な政府に抵抗できる	ジョン・ロック
□『**論語徴**』…朱子より仁斎の注がまし	荻生徂徠
□『**人間本性論**』…人間の観念や価値観の成り立ちを考察	ヒューム
□『**経済表**』…第三身分は富を生み権力がない	ケネー
□『**社会契約論**』…一般意志が国家・社会を成立させる	ルソー
□『**諸国民の富**』…市場は人びとを幸せにする	アダム・スミス

□『**純粋理性批判**』…理性が認識できる範囲を確定 □『**実践理性批判**』…自由とは普遍的ルールに従うこと □『**永遠平和のために**』…世界政府より国家連合がまし	カント
□『**人口論**』…食糧が増える以上に人口が増える	マルサス
□『**古事記伝**』…漢字表記に隠れた理想の日本	本居宣長
□『**精神現象学**』…世界も精神も弁証法に従う	ヘーゲル
□『**経済学および課税の原理**』…資本論のタネ本	リカード
□『**戦争論**』…戦争にも科学的な法則がある	クラウゼヴィッツ
□『**死に至る病**』…神を信じられない絶望	キルケゴール
□『**猿が人間になるについての労働の役割**』…見てきたような	エンゲルス
□『**概念記法**』…記号論理学と分析哲学の原型	フレーゲ
□『**道徳の系譜**』…キリスト教道徳はろくなものではない □『**ツァラトゥストラはかく語りき**』…自分の原理を確立して生きよ	ニーチェ
□『**海上権力史論**』…覇権国は強力な海軍を擁してきた	マハン
□『**自殺論**』…急に豊かになると自殺したくなる □『**宗教生活の原初形態**』…トーテムは先祖なのかも	デュルケーム
□『**貨幣の哲学**』…ケインズと並ぶ貨幣論の古典	ジンメル
□『**論理学研究**』…現象学が論理的思考を基礎づける □『**ヨーロッパ諸学の危機と超越論的現象学**』…学問は行き詰まる	フッサール
□『**プラグマティズム**』…宗教対立を克服する哲学	ジェームズ
□『**プリンキピア・マテマティカ**』…論理で数学を基礎づけ	ラッセル
□『**宗教社会学**』…一神教は宗教としてかなり特別 □『**経済と社会**』…文明によって経済倫理は千差万別	ヴェーバー
□『**精神分析入門**』…大事なことは無意識に沈んでいる	フロイト
□『**国家と革命**』…国家は労働者を抑圧する暴力装置 □『**帝国主義論**』…資本家は苦し紛れに植民地を争奪	レーニン

□『**論理哲学論考**』…言語は世界と対応している □『**哲学探究**』…言語ゲームこそ世界の本質	ヴィトゲンシュタイン
□『**日本改造法案大綱**』…政府が格差を是正すべき	北一輝
□『**贈与論**』…贈与が贈与をうみ、人びとは興奮する	モース
□『**存在と時間**』…人間が現に生きていることの構造	ハイデガー
□『**経済学・哲学草稿**』…労働しているうちに疎外され □『**ドイツ・イデオロギー**』…マルクス主義の基礎が固まった □『**資本論**』…資本家は労働者を搾取することの証明	マルクス
□『**雇用、利子および貨幣の一般理論**』…有効需要を増せば景気回復	ケインズ
□『**矛盾論**』…共産党のなかにも矛盾はある	毛沢東
□『**価値と資本**』…消費者と企業の最適化行動こそ市場	ヒックス
□『**経済学**』…学部レヴェルのミクロ、マクロ理論	サミュエルソン
□『**親族の基本構造**』…親族は女性の交換システム □『**野生の思考**』…神話は代数学の置換群	レヴィ＝ストロース
□『**全体主義の起源**』…凶暴な国家はテロ自体を目的とする	アレント
□『**社会的選択と個人的価値**』…民主主義が不可能である証明	アロー
□『**社会体系論**』…社会がシステムであることを論証	パーソンズ
□『**自由の条件**』…市場に政府が介入するのは間違い	ハイエク
□『**エクリ**』…発達の過程に人間の秘密が隠れている	ラカン
□『**言葉と物**』…古典主義の思考は近代と別 □『**性の歴史**』…性を語ると社会の真相が明らかに	フーコー
□『**グラマトロジーについて**』…哲学をみな脱構築せよ	デリダ
□『**社会システム理論**』…パーソンズ理論を換骨奪胎	ルーマン

応用篇

第五章　どのように覚えればよいのか

本は覚えなくていいためにある

――本を、どのように覚えればいいですか？

現代新書の編集部からの質問です。私はびっくりしました。

だってね、本は、ものを覚えなくていいために、あるのだから。

＊

確認しましょう。

昔は、文字がなかった。

だから、本もなかった。

そこで人びとは、大事なことを記憶した。残らず。正確に。

覚える内容は、膨大だった。人間の名前。親族関係。多い場合には、何千人も。

古くからのしきたり。自然についてのさまざまな知識。狩猟やものづくりのさまざまな知識。それら、社会生活を送るのに必要な知識を、すべて記憶したのです。

＊

そこに文字が登場した。文字で、本が書かれた。文字は、大事なことを記録するのに使われた。

文字の特徴。いちど書いたら、変化しない。だから、読めば、それを書いたひとの頭のなかみが再現できる。

自分で書いたものを、自分で読めば、忘れないためのメモや記録になります。誰かが書いたものを、別の誰かが読めば、コミュニケーションになります。書いた当人が、遠方にいても。書いた当人が、死んでしまっていても。文字の技術によって、コミュニケーションの範囲と性質が、格段に充実した。ずっと広い範囲の人びとを、社会として統合できるようになった。

文字、そして本は、文明社会のもっとも基本的な技術のひとつです。

本は、読むためにある

本は、読めばいい。読んで、わかればいい。

その時点で、本の目的は達成されています。本は、コミュニケーションのためにあるのだから。

読んだことは、忘れてよい。本のなかみは、忘れていいことが、大部分です。それは、日常会話のなかみは、忘れていいことが大部分なのと同じです。

読んだことのうち、忘れないほうがいい大事な内容は、自然に頭に残ります。それは、日常会話のなかの大事な内容が、自然に頭に残るのと同じです。

＊

本のなかみを、覚えなければならないのではないか。

そんなことを考えるあなたは、誰かの仕組んだ強迫観念に、とらわれているんです。

さっさとそんな考えを、ゴミ箱に捨てましょう。

表層と中身

本は、ある考え（アイデア）を伝えるためにある。アイデアが伝わればよい。

では、そのアイデアを、文字に書き、文章に表すやり方が、何通りあるかというと、無数にある。文章の表面の細かなところは、だから、どうでもよいのです。そこにとらわれてはいけない。

本を覚えるためには、文章表現のかたちをそのまま、まるごと覚えなければならない。アイデアに関わる本質的な部分も頭に入るが、それ以外のどうでもよい部分も頭に入ってしまう。無駄である。

＊

考え（アイデア）と表現が、切り離せない本もある。神の言葉や聖人の言葉を記した、宗教的テキスト。表現と内容がたぐいまれな調和と一致をみせている、芸術的テキスト。そうしたテキストは、まるごと頭に入れる、価値がある。だが、そんな特別なテキストはそう多くない。

本そのものが記憶

本を覚えるのではなく、本のことを覚える。これで十分です。

本のことを覚えるとは、誰が書いた、どんな名前の本で、だいたいどんなことが書いてあったか。よい本だったか、それとも大したことがなかったか、を覚える。

それ以上の詳しいことは、覚えなくてよい。だって、本に書いてあるんだから。知りたいことがあれば、また本を見ればよいのだから。

＊

本が手許《てもと》になければ、どうしよう。

図書館から借りて読んだ。もう返してしまった。そういう場合は、記録をとっておくことを勧めます。書誌情報というのですが、決まった項目を記録します。

（1）著者

（2）書名（副書名〜あれば）

（3）刊行年（刊行月も～可能なら）

（4）出版社（出版地～場合によっては）

これらを記録して、あとでもう一回、本を読んだり、いつか本に言及したりするときに便利なようにする。図書館からまた借りる場合は、

（5）蔵書番号（＋もちろん、図書館の名前）

も記しておくと便利だ。

＊

本を読むことと、なにかを覚えることとは、あんまり関係ない。覚えなくても、もう一回読めるのだから、それで十分。もう一回読むとき、素早く読みたければ、ドッグイヤー（折り曲げ）をつけたり、書き込みをしたり、付箋《ふせん》を貼ったり、いろいろ工夫ができる。素早く読めるのなら、それは覚えているのと同じ。いや、それ以上である。だから、大事な本は、手許に置いておこう。書き込みはしてよい。するべきなのだ。

頭を大事に使う

本を読むのは、頭の栄養。そう、言いました、この本の最初のほうで。

頭も、からだの一部です。

からだは、取り換えがききません。誰もが、それぞれのからだで生きている。ちょっと肝臓の具合がわるいから交換しましょう、腎臓が病気だから取り換えましょう、とはいかない。頭もおんなじです。取り換えがきかないのだから、自分の頭で考えるしかないのです。

からだは、取り換えがきかない。だから人生も、取り換えがきかない。たったひとつしかない自分の頭で、ものごとを考える。どう考え、感じるかで、人生が変わってくる。頭を大事にしないと、人生は大事にできません。

どういう本を、どう読むかで、頭のあり方は変わります。

本を覚えようとして、頭をむだに使わないでください。

あのひとみたいに、記憶力がよくなりたいなあ。まったくむだな感情です。ネットで検索すれば、たいていの情報は手に入ります。頭はもう少し、ほかのことに使いましょう。

大事なことは忘れないと信じる。あるいは、忘れることができないことが、大事なことなのです。

記憶ばかりの教育

じゃあなぜ、勉強は暗記だったのか。

思い出すのは、中学・高校です。教科書があって、試験があった。出題範囲が決まっていて、たいていの問題は、暗記すれば答えられた。試験まであと何日……とカウントダウンして、暗記ペーパーもつくって、繰り返して覚えた。

その経験が頭に染みついて、勉強というと暗記、と即座に反応してしまうのです。

＊

暗記の典型のような科目は、歴史です。ただひたすら暗記。頭を使う余地が、あんまりない。

地理も、英語も、生物も、古文も、暗記すればかなり正解できた。英語では訳文を、その通りに覚えたりした。数学も、練習問題の解き方をまるまる覚えれば、なんとかなってしまう。

そういう体験をしてきたから、勉強というと、暗記。

暗記が役に立つのは、誰かが考えた筋道を、それに追いつこうと大急ぎで追いかける場合。思考のプロセスを抜きにして、結果だけを求める。初等、中等教育のやり方です。試験は、持ち込み禁止でしょう。本を持ち込めない。だから、頭に書き込まないといけない。いろいろ暗記する。でも一夜漬けの、短期記憶だから、頭に残らず、みんな忘れてしまった。

記憶vs.思考

日本の学校教育は、暗記に頼りすぎです。

なぜそうなるか。教員の都合です。

記憶重視になっているのはなぜかというと、試験のため。試験は何のためにあるかというと、教師が怠けていなかったことの、証明のためです。生徒のためではない。

試験でみんな、七〇点みたいな点数をとったとする。授業で教えたこと、教科書にあることをそのまま、出題する。すると、そのあたりの成績になる。じゃあ授業が成立していました。ということを、ほかの教員や、監督官庁に対して証明する。世の中に出てから役に立つか、なんて考えていない。役に立つのは、卒業証書だけです。

こういうやり方は、早くやめたほうがいい。

＊

考えて解くべき問題を、記憶で解いてしまうのは、有害です。思考力が、弱くなる。

記憶と思考は、役割が違います。そして、頭の活動の中心になるのは、思考。思考を強めなければならない。

それにはまず、結果に点数を与えるのをやめること。結論はともかく、結論にいたるプロセスを重視するのが大事。そういうやり方に、中学・高校の教育は改めるべきだ。

記憶の法則

試験のたびに一夜漬けの暗記を繰り返すやり方は、上の学校に進学する、受験のためにさえなっていない。

定期試験のための記憶は、短期記憶が中心だから、すぐに消えていく。一年も二年も先の入学試験には、役に立たない。また一から準備しなければならない。

それをやってくれるのが、塾や予備校です。

塾や予備校は、受験を目的としているから、長期記憶の重要性をよく理解している。

人間の頭には容量（キャパシティ）があるから、なんでもかんでも覚えようと思ったことが、全部覚えられるわけではない。それにまた、人間の記憶には法則性があって、その法則を無視しても覚えられない。

*

記憶の法則。

反復する。適当な間隔で。五回ぐらいでだいぶ覚え、一〇回ぐらいでほとんど覚えられる。そのあとも、ときどき繰り返すと、長期記憶として、頭に定着する。

寝る前に記憶する。寝ているあいだに忘却しにくいから、記憶に残りやすい。頭は、忘却するようにできているんです。

対連合《ついれんごう》学習。語呂合わせの原理です。覚えるべきもの（無意味な記号の羅列など）を、意味のある文章などと対応させて、記憶する。すると、記憶しやすく、忘れにくい。ルート5（5の平方根）が、フジサンロクニオームナク《2.2360679》（富士山麓にオウム鳴く）みたいな、あれです。

そして、記憶するべきものを厳選する。量を減らす。記憶しないですむものは、記憶しようとしてはならない。

正しい試験勉強

もしも読者に、中学生、高校生のひとがいたら、こう言いたい。

定期試験のために勉強しよう、と思うのはやめなさい。試験の点数をちょっとよくするためになにかを暗記しようとするのは、自分に対する冒瀆《ぼうとく》です。学問に対する冒瀆です。自分の頭に失礼です。

試験の点数は学校を出たら蒸発してしまいます。それより、自分の頭を大事にしましょう。ひとつしかないし、一生使うのだから。

なにかを覚えるのだったら、将来の、入学試験のために覚えなさい。社会に出てからも一生覚えているつもりで、覚えなさい。その価値があると、信じて覚えなさい。真剣に覚えなさい。すっかり覚えるまで、繰り返し覚えなさい。

たとえば、元素の周期律表。国語だったら、助動詞の活用。助動詞の接続型（未然形接続は、る、らる、す、さす……というあれです）。これを覚えないと、古文が読めない。数学だったら、定理や定義など。ごく限られたものです。

＊

歴史や地理のような暗記科目は、仕方がないから、別枠で、覚える。

私が学生のころにも、世界史の年代暗記法、みたいな本を売っていて、それを参考に五〇〇ぐらいは覚えた。そのあと、いろいろ重宝しています。

暗記するものは、厳選するんだけど、まず書き出して、リストにする。リストにするのは、これは覚えるのだぞ、と自分で確認する意味がある。記憶したかどうかのチェックもやりやすい。

それを、定期試験と無関係に、時間をかけて覚える。定期試験が終わったあとが、時間がとりやすくてちょうどよい。道を歩いているときでもできる。細切れの時間を有効に使える。すぐ覚えられなくても焦らないで、回数を重ねることが大事。一回すんだら、線を

年	出来事	覚え方
794	平安京遷都	無《7》く《9》し《4》ます僧侶の介入、新京で
800	カール大帝の戴冠	晴《8》れ《0》て《0》戴冠、カール大帝
1077	カノッサの屈辱	異《1》例《0》な《7》難《7》儀カノッサで
1192	源頼朝、征夷大将軍就任	い《1》い《1》国《92》つくれと頼朝将軍
1517	「九十五ヵ条の論題」	一《1》言《5》否《17》とルターいい
1598	ナントの勅令（1685年廃止）	以《1》後《5》悔《98》し、無《6》理は《8》御《5》免とナントの廃止
1603	徳川家康、征夷大将軍就任	人《1》群《6》れ《0》騒《3》ぐ家康将軍
1642	ピューリタン革命	異《1》論《6》世《4》に《2》満ち清教徒
1688	名誉革命	一《1》路《6》羽《8》ば《8》たく名誉な革命
1776	アメリカ独立宣言	自《1》由な《7》ら、難《7》路《6》もいとわず独立宣言
1789	フランス革命	非《1》難《7》爆《89》発、バスを襲撃、人権宣言
1805	トラファルガーの海戦	一《1》番《8》怒《05》った虎（トラ）に遭う
1840	アヘン戦争はじまる	い《1》や《8》よ《4》ぉ《0》とアヘンの毒で
1853	クリミア戦争	一《1》発《8》誤《5》算《3》のクリミア戦
1861	アメリカ南北戦争	野《8》郎《6》ひと《1》りで南北戦争
1867	王政復古の大号令	人《1》は《8》群《6》れな《7》し王政復古
1894	日清戦争	一《1》躍《89》清《4》と交戦す
1904	日露戦争	得《19》を《0》し《4》ようと日露戦争
1917	ロシア革命	引《1》く《9》人《1》涙《7》のロマノフ家

年代暗記法の実例（『元祖世界史の年代暗記法』『元祖日本史の年代暗記法』〈旺文社〉より）

一本。もう一回で、もう一本。線が四本並んだら、五本目は斜めにひく、みたいにやっていく（「正」の字でもよいのですが、四本線を並べていくほうが、線がひきやすい）。数日間の間隔を空けて繰り返すと、効果的です。

＊

繰り返していると、だんだんリストを見終わるのが速くなります。ほとんど覚えているわけだから、線を一本引くのに、はじめは三〇分かかっても、三分ぐらいでできるようになる。でも、ここで安心しちゃダメ。覚えたら、時間を空けて、線をまた一本ずつ増やしていく。

完全に記憶に定着したら、それはもう、頭の一部です。内容を引き出すのに、時間がいらない。正確で、しかも速い。これが大事ですね。繰り返し使うものは、考えていてはムダだから、こうやって頭に刻み込んでしまう。

あと、定期試験の点数がちょっとぐらい悪くても、気にしないこと。試験のために生きてるんじゃないんだから。自分のやり方に、自信をもってください。

頭のなかの本棚

さて、大事なことなので、もういちど言いましょう。本は、暗記するものではなくて、理解すればいい。理解して、面白ければ、読んだ印象が頭に残ります。とりあえず、これで必要、かつ十分。

とても大事なことが書いてあったら、書き込みをするなり、何か印をつけておけば、読まなかったのとは全然違います。必要なときにもう一回読み返せば、最初のときとは全然違うんです。

図書館で借りた本だと書き込みができない。返しちゃうんだから。そこで、ほんとに大事だなと思った本は、頑張って買って、手許に置いておくのがおすすめです。いまは、アマゾンで一冊一円とか、安く売っている。少し古い本だったら、費用もそんなにかからないで揃えられる。

＊

そうやって、自分だけのカスタムメイドの世界をこしらえましょう。

物理的に言うなら、大事な本の並んだ本棚です。

でも、実物の本が並んでいることは本質ではない。大切なのは、頭のなかがそのように整頓されている、ということですね。

本のコーディネート

先ほどのファッションの話に、もういちど戻るなら、タンスとかウォークイン・クローゼットは、収納スペースが限られている。いいなと思う帽子や靴を全部買っていたら、収まらない。お金も続かないし、しまう場所もないし、着るチャンスもないし。一年は三六五日で、雨が降ったり晴れたり、冬があったり夏があったり、そんなに何回も着られないわけですから、本当に気に入ったものがいくつかあれば、それで充分です。

＊

自分の頭も、そんなふうかも、と考えてみる。やっぱりスペースは限られている。だから本当に好きな、自分にとって大事なものを選んで、手許に置いておく。

という考えで、本を選んで、手許に置いておけばいい。

本にはバランスがあるでしょ。あるジャンルが全然なくて気になったり。帽子がなくて靴ばっかりあるようなものです。

好き嫌い、もあるでしょう。嫌いなものは、結局着こなせないわけだから、揃えてもムダになる。着こなせるように、自分と関係がとれるもの、そのためにお金を払ってもいいと思えるものを、買うわけですね。

あと、もうひとつは、コーディネートということがある。ＴＰＯとかもある。

本にも、すごく深刻でまじめな内容から、気軽に読めるものまで、いろいろあるわけです。そういうバランスがあるんだけど、人それぞれ、みんな好みは違うわけですから、本人が選ぶしかないのですね。

とっておきの世界

というふうに、読んだ本が順番に増えていくのが、自分の心の世界です。

そこには、とっておきの、私の出会った本が並んでいる。

（あんまり大きな声では言いにくいのですが、と断りつつ言ってしまっていますが）部数が多くて、万人向けで、誰でも知っているようなことしか書いてない雑誌は、読むだけムダです。知の世界でプロになろうとするひとに、そういう一般向けの雑誌が、何かの役に立つということはない。経済のプロ、政治のプロ、哲学のプロ……そういうプロが使う知識は、そのプロを志したひとが読む、少数の、比較的限られたひとのためのものを読んで、そこから身につけるものだから。自分の方向がはっきりしているなら、そこに時間とお金をかけるべきである。総合雑誌は、銀行や病院の待合室で読めばいい。

＊

楽しみのために読むなら、何を読んでも、全然問題ありません。でも、自分の知の栄養のために読もうと思ったら、はっきりした目的意識を持って、活字を読むべきです。

複数の人間で読む

つぎのおすすめ。おおぜいで本を読む。

本を読んだときに、心配になるのは、こういう読み方でいいのかなあ、っていうこと。自分が読めているのかどうか不安だし、何日か経つと、本の内容を忘れてしまった……などなどモヤモヤ感が残ることです。

その傾向と対策。

本をきちんと読めたかどうか、チェックする厳密な方法など、ないわけだが、強いて言うと、同じ本を複数の人間で読む。これがいちばん、正統なやり方です。

＊

考えてみれば、小中高は教科書があって、同じ本を、同時におおぜいの人間で読んでいるではありませんか。それで、読めたかどうか試験でチェックしている。話しあえば、誰の読みが深いか、誰の読みがまずいか、わかってくる。

教育のシステムは、同じ本を、複数の人間で読むやり方でできています。大学でもこのやり方は、残っている。講義では、課題図書や参考図書が指定されるでしょう。

＊

このシステムを離れてしまって、社会人となった。自分のために、好きな本、大事な本を読めばよい、というスタイルになると、途端に孤立してしまう。私ひとりがぽつねんと本を読んでいる、という空間になる。そのときに、ああ、読み方をチェックする方法があるといいのになあ、という気持ちになる。

ゼミの効用

さて、大学では、上級学年や大学院になると、ゼミ（演習）がある。ふつう、教科書はない。ゼミはいろんなことをやるけれども、訓練の方法として、ひとつ大事なのは、同じテキストをみんなで読むことです。三人とか五人とかの参加者がいるとして、みんなが同じテキストを読んでくる。発表の当番があって、担当にあたったひとは、本の内容について発表する。発表が終わると、質問が出て、担当者が答えたり、ほかのメンバーが意見を言ったりする。それを、教員がチェックし、ダメ出しする。

という具合に、読み方の、チェックがかかっているでしょう。正しく読まなかったら、すぐばれてしまうではありませんか。

＊

そこで準備をします。準備で何をするかというと、要約をつくります。抜き書きをする場合もある。担当者は、担当部分の内容を要約して、資料を作成し、みんなに配る。それをもとに、発表します。この資料を、レジュメという。

ゼミの発表は、口頭です。レジュメをみんなに渡したとしても、見てくださいではなくて、第一章に書いてあることはこれこれ、第二章はこれこれと、自分の言葉で発表する。自分の頭にその内容が入っていなければ、口頭で発表できません。

質疑応答では、本に書いてあった内容についての質問には、すべて答える義務がある。担当者は、著者の思想を紹介するのだが、その構造まで、ちゃんと摑んでいないと、答えられません。著者の意図や背景は、テキストには書いてないので、教員やほかのメンバーが補ってくれるかもしれない。質疑応答を通じて、テキストの広がりがわかる。

レジュメのルール

さて、レジュメを作る場合、本のどの箇所なのか、指示しなければならない。そのルールがあります。

単行本のページ数が、とても大事です。

そこで、段落に、こんなふうに名前をつける。たとえば、98ページに、三つ段落（パラグラフ）があったとすると、順に、98A、98B、98C、と名前をつけます。98ページにあっても、前の段落の続きである場合には、それは97Dなのです。

段落に名前をつけてあると、何ページのxx行目からyy行目、みたいに言わなくてもすむので、合理的です。

＊

単行本が文庫本になった場合、ふつう、ページ数が変わってしまいます。

みんなで文庫本を読んでいるのなら、文庫本のページをもとにします。アカデミックな論文の場合、文庫本は使わないのが原則です。初出の単行本を使い、それが全集に収録された場合には全集を使い（当然、ページ数が違ってきます）、よほどの事情がある場合にだけ文庫本を使います。

読書会のメリット

ゼミは、プロを養成する目的の、教育の場です。誰でも参加できるわけではない。似たような効果を期待できるのが、読書会です。

自分流の読み方が不安になったら、ぜひ、読書会に参加しましょう。適当な読書会が見当たらなければ、自分で組織しましょう。

＊

いまはインターネットがあるから、そういう仲間に呼びかけるのは簡単です。三人か四人、仲間が見つかれば十分です。

読書会をやってみると、その本のことが学べる。そして、一緒にその本を読んでいる、相手のことが学べる。相手が自分と違う考え方をしている、ということが手に取るようにわかるのです。同じものを読むからこそ、はじめてそのことがはっきりする。

自分と違う考えを知るのは、大事です。なぜなら、自分と違う考えを通じて、自分の考えが理解できるから。

という具合に、著者のこと、他者のこと、そして、自分のことが、いっぺんにわかってしまう。これが、読書会のメリットですね。

*

ちょうど同じぐらいの学力のひとと読書会をするのが、いちばん効果があります。お互い、対等な気持ちで発言できるから。

読書会の特徴は、ゼミと違って、教員がいない。指導者がいませんから、議論があらぬ方向へそれて行くかもしれないんだけれど、それも愛嬌です。ひとりよりいい、ということで大目に見つつ、読書会をやる。いやなら、すぐ抜けるか、解散すればいい。

大勢でやる読書会もあるみたいですね。ウェブサイトには、何十人という大所帯で、定期的にやっている読書会が紹介されています。

*

読書会のゲストに、指導者にあたるひとを呼んでもいいが、著者本人を呼ぶのは考えものですね。著者を呼ぶと、著者に聞けばいいやという態度になり、読書会がゆるんでしまいがちである。

著者を呼ぶのは、もうずっと著者の考えを議論してきて、最後に煮詰められない、わからないところが残っている場合、でしょうね。著者を囲む会、みたいになるのは、読書会の本来の主旨ではない。

＊

読書会をやると、構造についてはもちろんのこと、意図や背景についても話が及んでいくんですよ。

たとえば、吉本隆明さんの本を読むとする。本に書いてあることは、読めばわかるわけだが、吉本さんの意図や背景がいろいろある。まず、マルクス主義がわからなければ、吉本さんの本はほとんどわからない。それから、日本文学の伝統もわからなきゃだめである。そのふたつは、必要ですね。ほかにも、もっとたくさんあると思う。

応用篇

第六章　本はなんの役に立つか

ぶつ切りのカリキュラム

オーバードクターのあいだも、アルバイトに、私はずっと家庭教師をやっていた。四〇歳ぐらいまで。下は小学校三年生から、大学受験まで、どんな科目も教えた。中学受験と大学受験が多かった。のべ一〇〇人以上。

そこで、小学校から大学まで、日本の学校のカリキュラムがすっかり頭のなかに入ってしまった。

それで、小学校、中学校、高校のいろんな教科を教えると、学校教育の問題点がみえてくる。カリキュラムのムダが多い。そして、小／中／高／大学でブツブツに切れていて、つながっていない。

ふつう、学校の先生は、小学校は小学校だけ、高校は高校だけ、みたいに教えて、通して教えることがない。小学校の先生は中学の教育がどうなっているか知らないし、中学の先生は高校の教育がどうなっているか知らない。高校の先生は大学の教育がどうなっているか知らない、みたいになっているんですね。私立の中高一貫校の一部の先生が、中学・高校を両方教える場合がある程度です。だから、カリキュラムにつながりがない。問題があっても、気がつかない。

でも、小学生が中学生になり、高校生になるわけでしょ。連続して学んでいくのに、カリキュラムはぶつ切りになっている。生徒はいい迷惑です。

学校は、教科書どおりに、決まった範囲を教える。それで、試験をする。学校の都合です。これはもう、ムダと矛盾の塊《かたまり》になる。同じことを何回も教える。日本史だって世界史だって、二回やる。中学が義務教育で高校が義務教育じゃないことが、理由のひとつですね。

どこでつまずくか

というのを体験しているから、生徒諸君は気の毒だなと思う。みんな、同じところでつまずくんです。

たとえば、代数。中学の数学の、最初のところです。

いままで算数は、足したり引いたり、かけたりしていればよかった。それで、答えが出た。それが突然、aやbになる。なぜaやbをかけていいのか、割っていいのか。xってなんだ。中学ではまだ英語を習いたてで、aとxが同じに見えるのです。

移項といって、イコールの右側にあった文字が、左側にいく。すると、符号が反対になる。分数になっていると、右で上にあったものが、左で下になったりする。

それに、マイナスとマイナスをかけると、なぜプラスになるのか。不条理なことが、いろいろあるのですよ。

つまずく子は見込みがある

そういう不条理なことがわからなくて、つまずく子のほうが、実は見込みがある。

こんなの、つまずかないほうがおかしいんです。

すんなり問題がとけたりしている子は、問題をまる暗記している可能性がある。教科書に書いてあるから、先生がそう教えたから、そのとおりにしているのですね。そつがないが、頭を使っていない。こういうやり方では、ある程度のところまで行くと、その先に伸びて行かない。

＊

でも親は、それがなかなかわからない。子どもがつまずいたり、理解できなかったりすると、あせる。答案に○がついていると、安心する。わかっているんじゃないかと思う。でも、試験ができるかどうかと、わかっているかどうかとは、実は関係ないんですね。問題に正しい答えが書けることが、よいこととは限らない。

でも、学校では、正しい答えを書けることが、よいことだと考える。教員がそう思うし、親もそう思う。じゃあ、正しい答えを書けないのは、よくないことだ。つまずいている子は、そう思ってしまう。それがまた、すごくマイナスになるんですね。自分は間違っている、ダメだと思えば、つまずいていることがつらくなる。

そうじゃない、キミのせいじゃないんだ、とわかってもらって、モチベーションを高めるのが、私の主な仕事でした。

xは未知数で、aはそうじゃない、と教える。でも、aが未知数で、xがそうじゃなくたって、いっこうにかまわないはずですよ。でも数学の教員は、xは未知数だと思い込んでいる。「これは未知数だろ、おまえ」という態度になる。

*

みんながつまずくところは、教え方に問題があるのです。つまずくのが正しい。教え方を工夫すべきだ。まる暗記で乗り切れば、その場はしのげるけれど、やっぱり教育は失敗している。

愚かな漢字教育

カリキュラムが不合理なところは、ほかにもいろいろあります。

たとえば小学校の、漢字の教え方。

日本の国語教育の愚かなところは、「学年別漢字配当」があることです。

いま、小学校で習う漢字は、全部で一〇〇六字ですが、それが学年別に、何年生でどの漢字が出てくるか、残らず決まっている。

国語の教科書で、新しい漢字が出てくると、書き方（書き順）を覚え、読み方を覚え、繰り返し練習する。書き取りの試験もする。まあ、まる暗記です。

＊

漢字は、まる暗記で覚えるしかないのだから、それはいい。でも、暗記のやり方が、合理性を欠いている。

まず、まだ習っていない漢字は、教科書に出てこないというルール。習っていない漢字は、ひらがなで書く。そこで、はじめ「さんすう」だったものが、「さん数」になって、「算数」になる、という具合に書き方が変わっていく。「さん数」みたいな、一部が漢字で一部がひらがなの熟語だらけになります。

音読みと訓読みを別々に習う、というルール。「書く」という漢字を習っても、ショという読み方はまだ習っていないので、「どく書」は出てきません。

＊

そして、漢字の読みと書きを、同時に習うというルール。「読み書き同習」です。これがきわめつきにおかしい。

漢字のかたちを認識し、つぎに読めるようになり、最後に書けるようになる。これが人間の生理です。それを無視して、認識〜読み〜書き、をある学年で同時にできるようになりなさい、とカリキュラムが組まれている。学年別漢字配当の根本にある考え方です。

明治時代、尋常小学校は四年で卒業だった。それでさえ、ろくに通えないひとが大勢いた。寺子屋でひらがなを習った程度の人びとも多かった。だから、新聞や書籍は、総ルビが原則だった。ルビがあれば、ひらがなさえ読めれば、文章が読める。そして、繰り返し読んでいくうちに、漢字が読めるようになる。必ずしも書けなくても。読みが先で、書くのは後。小学生も、身の回りには漢字があふれているから、まず読めるようになる。マンガを読めば、学年別漢字配当には従っていないから、いろいろな漢字が出てくる。もちろんルビもついている。こういう「国語」の実態と、人間の自然を無視して、学年別漢字配当ができあがっている。

教科書も、ルビを使ったほうがいい。そして、漢字の書き方を、学年別でもよいから、しっかり学校で教えるようにする。

漢字はなるべく低学年に

中国語では、常用漢字が三〇〇〇字はあると思う。そして、ひらがながない。

そうすると、教科書を書くのが困難になる。国語の時間に漢字をある程度習わないと、算数や理科や社会科の教科書が読めない（ローマ字を使うピンインというものもあるわけだが、ひらがなの代わりにはならない）。だから小学校の低学年は、メチャメチャに漢字を沢山習うはずだ。

ひらがながなくて漢字だけなので、読み書き同習、になるだろう。

＊

低学年のうちに、記憶力にものを言わせて、漢字をなるべくたくさん覚える。子どもの能力に合っている。合理的なやり方だと言える。

だから、私の提案は、学年別漢字配当はなくして、小学生でも低学年から原則、漢字総ルビで教科書をつくり、書き方は学年別に覚えていく方法。そして、小学校四年ぐらいで漢字を習い終えてしまうことだ。

暗記を重視

小学生は、記憶力がすぐれている。

そこで、よい文章（日本語のクラシックス）も、なるべくたくさん覚えたほうがよい。百人一首とか、『徒然草』とか、『枕草子』とか。意味がわからなくても、全部覚える。

国語の教科書のなかみは、教科書のために現代の著者が書いた、文章の価値が疑わしいものが多い。そんなものを読ませて、「主人公の気持ちを考えてみましょう」みたいな国語教育は、国語教育になっていない。内容（事実）を正確に読み取り、表現できる、基礎的な訓練をしたほうがよい。

大人のために書かれた文章の読解は、中学から学び始めればよい。

ぶ厚い教科書

さて、英語圏の学校の教科書は、とにかくぶ厚い。

中身を見てみると、覚える本ではない。日本だったら、教科書があって、ほかに、参考書と問題集と資料集と読み物と……というぐあいに何冊分もが、一冊になっている。充実している。読むと楽しい。先生がいなくても、授業を受けなくても、その科目が理解できる仕組みになっている。

値段も高そうだ。教科書は学校が買って、一年間、生徒に貸すものなのですね。終わったら学校に返し、何人もで使う。表紙の裏に、その教科書を使った歴代の生徒の名前が書いてある。何年も使えば、一年あたりの費用は少なくてすむ。

＊

歴史の教科書の場合は、こんな感じだ。

古文書が載っている。設問がついている。これは、誰が書いたのでしょう。これは、何の目的で書いたのでしょう。何行目に「死刑にする」とあるのは、なぜ死刑になるのですか。手がかりになる資料もついている。考えていくと、自分で答えが出せるようになっている。歴史だけれど、決して暗記科目じゃないんです。

歴史は、そうやって、現在とは違った、過去の出来事を理解することなのだ、という態度が貫かれている。

＊

教科書はふだん、学校のロッカーに入れてあって、宿題をするときだけ、家に持って帰る。重いから、何冊も持って帰るわけにはいかない。

宿題も、そんなに沢山、出ないんです。中国の学校は、小学生のうちから、山のように宿題が出て、夜中の一二時まで宿題をやっている。宿題を出さないと、親が学校に文句を言うんです。もっと宿題を出してください。これは中国の、昔からの伝統ですね。それに対して、英語圏の学校は、生徒が必死に勉強することを求めていない。ノーマルなティーンエイジャーですよ、なんの心配がありますか、という態度です。

文学は何の役に立つ？

さて、では、それぞれの教科、学問を学ぶことに、どんな意味があるのか。どれも、生きていく折節に、ちゃんと役に立つ。それをわかっていれば、学びにもいっそう身が入ろうというものです。

＊

まず、文学。

文学はどう役に立つかというと、人間についてのリテラシーが高まる。こういう人間、いるよね、という理解力が高まる。

この社会にはいろいろな人間がいるんですけど、その実生活と、文学は違う。実生活は、人間と出会って深く相手を知るには、コストがかかるから、身近な人間のことを知っているだけ。その範囲はきわめて小さい。それ以外の人間のことは、実際に知るわけにはいかない。出会いたくても出会えない人びとが、いっぱいいる。

いまは、テレビやメディアが発達しているから、身近でない人びとについて知っているような気がするけれど、実生活で出会っているわけではない。私たちはテレビに出てくる人びとについて知っているけれど、テレビに出てくる人びとが私たちのことを知っているわけではない。双方向のコミュニケーションではない。実生活は、双方向のコミュニケーションの場で、それを深めるのは大変なことです。だから、よく理解しているひとの数はごくわずかだ。

＊

文学には、どんな人間でも登場する。

もっと大事な違いは、相手を内側からみることができること。

実生活では、相手がなにを考え、どんな感情を抱いているかは、相手が表現した言葉やふるまいを通して、理解し類推するしかないわけです。大事なことを黙っているかもしれないし、感情を隠しているかもしれない。相手を誤解しているかもしれない。いちばん大事な他者であっても、ぼんやりヴェールをかぶったような、薄暗がりのなかにいるようにしかわからないのです。そういう特徴がある。

実生活のなかで成長して行こうと思うと、恋愛をしてうまく行かなかったり、滑ったり転んだり、きょうだいげんか、親子げんかをしたり。誰だって、そういうのはあるわけだけれど、そんなに何回もするわけにはいかない。限られた経験のなかから学ぶしかないので、大変なのです。経験は個別的だから、またつぎに役立つかどうかもわからない。

実生活を深める

文学は、言葉を使った、トリックなのです。著者が考えた、架空の実社会。複数の人間が、出てきます。その複数の人間の内側が、手に取るようにわかる。特権的な語り手がいて、「そのとき、Aさんは、こう考えていました」みたいに、説明する。怒っていました、悲しんでいました、喜んでいました……。つぎに、Bさんが出てきて、Aさんに対してこう行動し、こう言いました、と書いてある。Bさんの内面についても、説明があります。Aさんの内面と、Bさんの内面の、両方を見渡すことができる。

この視点は、だれの視点なのか。Aさんでも、Bさんでもない。そういう視点が設定できることが、物語の本質なのです。

小説は、中立な語り手の視点から語られる場合（三人称小説）もあれば、登場するうちの誰か（私）の視点から語られる場合（一人称小説）もある。でも、どちらも、複数の人びとを見通す視点になっているところは、同様です。小説の視点は、自由に移動して、複数の人びとの内面に立ち入り、その社会を俯瞰《ふかん》する。手に取るように、その人びとの感情や行動を追体験できる。それが小説の、特徴です。これは、実生活ではありえないことである。

古代にも中世にも、物語があります。特別な登場人物が、数奇な運命をたどり、読者はわくわく、はらはらします。もとは神話にさかのぼる、伝承であり芸能です。その物語の骨格を残しながら、作中の人物の内面に入りこんで、複数の人びとのあいだの心理のドラマを描きだす。そういう深度をもつものを、小説とよぶことができます。近代の文芸作品の、代表的なかたちです。

実生活を超える

だから、小説は、実生活のただのコピーではありません。実生活に素材を持っているんだけど、実生活を深めて、実生活以上のものにしているんですね。

物語はもともと、実生活をはみ出て、想像力をはばたかせるものだった。小説は、そのかたちを借りつつ、この社会を生きる人びとと重なる世界を描く。そして、人びとの内面に入り込む。近代になって、そうした文学が発展しました。人間の精神世界が独りに閉じこもらないで、ほかの人びとと共存する中で豊かに育てられる、という意味です。

＊

これは、実生活に役立つ、擬似体験でもあるし、実生活ではえられない、真実の体験でもある。そういう二重性があります。

たとえば、恋愛小説の本をたくさん読んで、恋愛のリテラシーが高まって、出会いを実現できました、というひとがいてもいい。現実はそんなに充実していないけど、文学の世界でほんとうの恋愛を知りました、と満足して一生を過ごすひとがいてもいい。

というふうに、文学そのものが、人びとの役に立っている。読者としては、こういう作品を書いてくれて、また違った人生の切り口をみせてくれてありがとう、ですね。

これが文学の世界です。

歴史は何の役に立つ？

次に、歴史。

歴史は、過ぎ去った社会についての記録です。

過ぎ去った社会は、過ぎ去る前は、現実の社会だったんです。そこには大勢の人びとが生きていた。でも、順番に死んで、その社会は過去のものになってしまって、今は誰もいない。誰もいないから、直接彼らに会って、話を聞くこともできない。でも、確かにその社会はあった。その結果、今の社会があるのです。

＊

歴史は、現在の社会があるための、失われてしまった「前提」です。もしも、それをすべて忘れてしまったなら、この社会からいろいろなものが消えてしまう。そのことを、文字のかたちで残してくれている。

文字を読むと、その記録を残してくれていた人びとが生きていて、頑張っていたということが想像力の中でよみがえる。具体的な個人の名前や出来事として、記憶に刻まれる。その人びとと一緒に、今生きているという意味になる。この社会の意味が深まるんです。自分の生きている社会についてより深く、その意味が理解できる。

歴史を知っていると、たとえば隣国と紛争になったとき、昔、こういうことがあったから、平和にこぎつけることができるかもしれない。けれども、歴史は、そのためにあるわけではなく、この社会の意味を深めるためにまずある。それが歴史の目的です。

なお、文学はフィクションでもいいが、歴史は事実でなければいけない。事実であると証明する、手続きが存在しなければならない。

数学は何の役に立つ？

さて、文学、歴史と来ました。社会科学を後回しにするとして、次は数学、論理学。

数学は、数を扱う技術、知識です。

どんな言語にも、数の考え方があります。文字ができると、数を書き表す、数字が生まれた。

数字は、社会を束ねる、基本になる技術です。何千人、何万人の集団ができ、政府もできた。政府が、治安や安全保障に責任をもち、公共サービスを行なう。それにはまず、税金を集めて、その社会の資源を一ヵ所に集中する。集めた資源で、土木工事をしたり、軍隊を組織したりする。社会全体を維持するための、条件をつくりだす。このときに数字がいるんです。まず人間を数えなければならない。資源も、管理しなければならない。そのために政府は文字を使い、数字を使う。

土木工事には、幾何学が必要です。ピラミッドが典型的。橋だってそうですね。経験のなかから、数や図形を扱う技法が生み出されていく。これを経験数学といいます。ひもを一二等分して、五：四：三にピンと張ると、直角ができる。みたいな知識を、集めたものです。伝承され、メソポタミアでは広く知られていた。

＊

ギリシャ人が、経験数学を体系化して、純粋数学をつくりました。ユークリッドの『幾何原本』です。これは、経験的に知られていた結果を、限られた前提（公理）から、証明によって導く定理に、整理したもの。現代数学の原型にあたる、すばらしい業績です。最初に数学を作ったんだけど、この経験数学の様々な情報、定理ですね。この関係を考えて、基礎的な知識から証明できると考えついた。で、ユークリッドがそれを一冊の本にまとめた。ここで経験数学、バラバラな知識じゃなくて、システムとしての知識というのができた。これが数学の起源です。

代数学は、体系化が遅れました。ルネサンスのイタリアで、方程式の解法が進んだ。デカルトが、幾何学と代数学を統合する、解析幾何学を創始して、それ以来、ヨーロッパ文明の数学は、世界で抜きんでた水準になり、自然科学の発展の基礎になりました。

数学の特徴は、個人の主観に左右されないこと。誰がやっても結果が同じで、理性に導かれている。特定の立場にコミットする必要がない。証明によって正しさが保証されています。時間や空間の制約を超えて、世界のすべての人びとが共有できる。数学は、学問の根本となった。現代社会ももちろん、その恩恵を受けているのですね。

自然科学は何の役に立つ？

つぎは、自然科学。

自然科学はここ四、五百年で、急速に発展しました。観察、実験によって自然を見つめると、そこに法則性がある。その法則性は、いつでもどこでも成り立ち、変化しない。しかも、法則を取り出すと、数式で表現できる。

その最初の画期的な成果が、ニュートンの力学でした。以来、重大な発見がなされるたびに、社会は大きく変化した。そうして自然科学は発展を続け、現代に至っている。

＊

さて、自然科学は、おおぜいの人びとの共同作業なのです。世界中に実験室があって、科学者がいて、ジャーナルがあって、それをみなが読んでいる。自然科学は、国によらない。世界中の学校で理科を教えていて、本もたくさん出ている。それを読んで勉強する。学問のなかで、無条件に正しいのは、数学と自然科学です。

科学技術が、世の中の役に立っているのは、言うまでもありませんね。

法律は何の役に立つ?

法律。

法律は、社会をコントロールする技術で、昔からありました。近代になって、新しい法律を自由に作れるようになった。それまでは慣習法で、法律は変えられなかったんです。もちろん宗教法も、変えられない。近代法は、世俗法で、議会で制定できる。法律を変えれば、社会を変えることができる。

法律は、法律の思想にもとづき、個々の法律があり、それに基づいた判例があり、たくさんの法律文書がある。これを読むのが、法律の専門家です。社会は複雑なので、法律も複雑です。その法律が、人びとの権利を守り、紛争を防いでいるのですね。

哲学・思想は何の役に立つ？

哲学、思想の本は、何の役に立つのか。

哲学は、少しだけ数学と関係があります。まず、体系的です。前提がはっきり示されていて、そこから結論が導かれる道筋も、はっきり示されている。議論を一歩一歩、積み上げるというスタイルをとっています。哲学者は、数学を理想としているのですね。

数学と違う点は、数式じゃなくて、ふつうの言葉を使っていること。誰もが認める共通の前提があるのかも、はっきりしない。前提の置きかたをめぐって、いくつものグループ(学派)が生まれてしまいます。哲学を学ぶには、学派と学派がどう違うかも、理解しないといけません。

＊

哲学は、人間が未知の課題に直面した場合、最後に頼る拠りどころです。

未知の課題とは、どういう意味か。法律や、経済や、自然科学や、どこかの専門にすっぽりあてはまる問題なら、その専門で議論すればすむ。けれども、そうはいかない問題もあります。いくつもの専門にまたがる、多面的な問題。これまでの議論の積み重ねがなくて、考え方の筋道がわからない問題。

そうしたときには、議論の、基本的な前提にさかのぼる必要があります。それは、過去の哲学者の議論のなかに、みつかる。すべての人間が拠ってたつ、根拠や前提をつきとめるのが、哲学者の役目だからです。

＊

ではいま、どんな哲学のグループ（学派）があるか。近代主義／リベラリズムが本流。それに対して、社会主義／マルクス主義がある。英米系の分析哲学。プラグマティズム。フランス系の構造主義と、ポスト構造主義。あと、リバタリアニズム（自由至上主義）、社会システム論、など。立場がこんなに分かれているのは、議論が決着していないということです。

教養と意思決定

では、読んだ本を、どのように役立てればいいのか。

読んだ本のなかのどれが役に立つかは、その場にならないとわかりません。

解決すべき課題に直面して、考え方の道筋が見つからないときに、そう言えばこんな本にこんなことが書いてあった、と思いつく。それがヒントになれば、本が役に立ったと事後的にわかる。そこで、基本的なことがらの書いてある本を、ある程度まんべんなく読んでおくべきです。

＊

戦前の日本には、教養主義なるものがありました。高等教育を受け、リーダーになろうという人びとは、教養を身につけることになっていた。その中身は、基本的なことがらが書いてある書物、とくに哲学です。

明治〜昭和初期の社会は、いまの社会とだいぶ違います。整理してみましょう。

（1）日本は遅れているから、先進国に追いつかなければならない。

（2）伝統セクター（農業など）を、近代セクターが牽引しなければならない。

近代セクターは、工業をはじめとする部門。そこに参加する人びとは、教育を受ける必要があります。特に、指導的立場の人びとは、高等教育を受けました。そこに、教養教育が組み込まれていました。

教養は、汎用の知識です。若いときに身につけて、老年になるまで使う。さまざまな問題を解決する。だから哲学が、教養の基礎にちょうどよいのです。

情報やメディアが発達していない時代、教養は、意思決定をサポートする唯一の知識でした。いま、情報は溢れています。人びとは情報に、ふり回されています。だからこそ、教養はますます大事になっていると言えます。

教養と人生

このように、教養（本を読んだ経験）は、意思決定をサポートします。でも、それだけではない。一人ひとりの個人が、自分の人生の主人公として生きていくのを支援します。人生に教科書はありません。誰かの人生は、参考にはなるが、自分のとは違っている。人生の折り目・節目に、心の底から納得できる選択をするため、教養の引き出しを参照できるのは心強い。

近代社会は、伝統社会と違って、個人の選択の自由があります。職業選択の自由、結婚の自由……。一人ひとりの人生のかたちが、当人にゆだねられているのです。そこで誰もが、選択をして、賢明に生きていかなければならない。あとで悔やむよりも、よく考えて、最善を尽くして決定すべきです。

本はみな、個人が書いているのです。最善の決定に役立つことは、本のどこかに書いてある可能性が高い。そういう本を、時間のあるうちに読んでおきましょう。

すべてのことがらは、連関しています。ならばすべての本は、連関しています。どの本を読んでも、無駄にはなりません。大著者の本を読むのが大変なら、そのよい解説書でもよい。よい解説書の解説書を読んでもよい。その大著者の本質がわかれば、それで十分です。

実践篇

第七章　どのようにものごとを考えればよいのか

本を役立てる

　では、実践篇。

　実践篇とは、本で読んだことを役立てるということです。

　役立てるには、どうしたらいい？

　まず、本で読んだことを覚えている。忘れていてもいいんだけど、そう言えば、あの本に書いてあったような気がすると、あとから思い出す。これが第一。

　第二は、本で読んでいたのと、いないのとで、結果が違ってくる。これが、役に立ったということですね。

＊

　本のことは、ここまでかなりのべてきました。

　本が役に立つのは、本じゃない場所ですね。本は字です。本じゃない場所は、実生活ですね。実社会ともいう。

　実生活、実社会では、複数の人間が生きている。コミュニケーションしながら。家族のなかでも会話があり、学校でも会社でも、意思疎通をする。いちいち字に書かないかもしれないが、話し合っている。そしてその都度、ものごとを決めていく。

これは、本を読まなくたって、みんなやっている。でも、そのかなりの人びとが、親や教員や上司や同僚や……が、本を読んでいるのです。そして、本をどこかで踏まえて、こうしましょうと決めている。

相手が本を読んでいるときには、それを押し返して、自分の考えをのべることができるか。自分の考える方向に、ものごとを動かすことができるか。相手がいつも正しいとは限らない。反論したいでしょう。そうやって、ものごとをもう少しましなふうに、決めることができるか。

本は補助線

それをやるには、手順が必要です。

第一に、相手の言うことを理解する。

第二に、自分の考えを理解し、組み立てる。

第三に、討論する。

こういう手順を踏まないと、いけませんね。

＊

そのとき、補助線になるのが本です。

本は、ある考え方の筋道が書いてあるもの、です。それを参考に、相手の考えを理解する。相手の話を聞いていれば、なにを言っているか、意味はわかる。いちおう。でも、意味がわかるのと、相手の主張を理解するのは、ちょっと違うことです。

たとえば、トランプ大統領が出てきて、「アメリカ・ファースト」と言っている。「アメリカのためにならないから、パリ協定はやめる」と。パリ協定とは簡単に言うと、中国が世界で一番たくさん炭酸ガスを出していて、アメリカが二番目に出している。それをだんだん出さないようにしよう、という取り決めです。これを真面目にやると、エネルギーコストが高くなって、アメリカの経済競争力が弱まりそうだ。

この場合、どう考えればいいのか。

なるほど、「アメリカ・ファースト」。アメリカ大統領なら言いそうだ。アメリカの勤労者も失業しないで、家族を大事に、人間らしく生きて行きたいだろう。それも当然、と思えば、トランプがいいことになっちゃう。

たいていのまとまった主張には、もっともな点があるんです。でも、問題点もある。全体としてどうなのか、を考えないといけない。

前提を明らかにする

そこで、何かいろいろ言っている相手の主張を、ひとつの構造として理解するのが、まず最初にやるべきことです。

構造として理解する。言い換えると、前提を明らかにする、ということです。

＊

例題。中学校の数学で、方程式を解きました。

$$ax = b$$
$$\Downarrow$$
$$x = \frac{b}{a}$$

こういうふうに、解きました。これでいいですか？　どなたか、ご意見ある方は？

（受講生　……。）

xは未知数です。そう考えなくてもいいのだが、これは、代数学の習慣です。まあ、いいことにする。a、bは、特定の数です。未知数でない。これも、代数学の習慣です。

それを、こんなふうに解いた。何点もらえるか。甘くて、五〇点。厳密には、〇点でも文句は言えない。

(i) $a \neq 0$ のとき

$$x = \frac{b}{a}$$

(ii) $a = 0$ のとき

a) $b = 0$ なら不定

b) $b \neq 0$ なら不能

このように解けば、正解です。

解を求める操作で、aで両辺を割っているでしょう。無条件に、割ってよいわけではない。そこで、場合を分ける。条件（すなわち、前提）を考え、場合を分けることが、分析には重要なのです。

「不定」とは、解が何でもいいこと。「不能」は、方程式をみたす解がないこと。

*

トランプが、問題はこれこれで、答えはこれこれだと主張している。その前提は何だろう、と考える必要があります。彼はのべてないけれど、隠れた前提があるのです。これを当然の前提としているから、このように考えるのだ、と理解する。

つぎに、その前提が、いつも成り立つのかを考えるべき。成り立たない場合は、また別に考えなければならない。

お父さんが言いました、うちの車もポンコツになってきたなあ、じゃあ買い換えよう。

そこに隠れた前提はなにか。わが家には、車が必要だ、ですね。

でもお父さんは、高齢で、そろそろ免許を返納してもいいころ。それを考えると、話が違ってきます。これが、相手が何かを言ったら、体系的に理解するということです。

これは、分析ですが、字間を分析しているわけではない。方程式をaで割っているけれど、無条件で割っていいのか。$a=0$の場合は、また別なストーリーになる。

*

じゃあ、例をもうひとつ。

高校の数学では、解は実数の範囲で求めるという約束があるので、複素数は解とは言わない（大学では、複素数も解なので、二次方程式には必ず解がある）。そこで、判別式D（b^2-4ac）がマイナスの場合は、解なしになります。

$ax^2+bx+c=0$

(I) $a \neq 0$ のとき

a) $b^2-4ac \geqq 0$ のとき

$$x=\frac{-b\pm\sqrt{b^2-4ac}}{2a}$$

b) $b^2-4ac<0$ のとき

解なし

(II) $a=0$ のとき

$bx+c=0$

(i) $b \neq 0$ のとき

$$x=-\frac{c}{b}$$

(ii) $b=0$ のとき

あ) $c=0$ なら不定

い) $c \neq 0$ なら不能

場合分けは、面倒だと思います？

高校の数学で、いったい何を練習していたんでしょう。

議論が成立するための、前提を確認する練習をしていたのです。

＊

このことを自覚すると、ものごとを考える場合の、深さが違ってきます。

国民の私的所有権が認められているが、無条件ではない。では、その条件はなにか。年金がもらえる。医療保険が医療費をカヴァーする。その条件はなにか。憲法の保障する権利は、無条件なのか条件つきか。条件を考えることは、前提を考えること。ものを体系的に考えるということなのです。

どんな意見にも、よい面と、悪い面がある。でもそもそも、その前提がある。

自分の前提はなにか

前提条件を漏れなく列挙したら、あとは、論理をたどれば、結論まで一直線です。

＊

結論まで一直線でないとしたら、それは、計算を間違えたか、計算が複雑すぎて解けない場合。数学にも、前提が明示されていても、解が導けない場合がいっぱいある。

複雑すぎて解が求められない場合は、「複雑すぎて求められない」という答えが導かれた。

まず、以上のようなチェックをして、相手の主張を分析します。

＊

つぎに確認するのは、相手がどんな前提に立っているか。

世の中にいろんな考え方があるのは、いろんな前提（つまり、ものの見方、価値観）があるからです。だから、結論が違う。

相手が、自分と違った考え方をしていたら、相手の前提をていねいにチェックする。

＊

それと同時に、自分の考えがどういう前提に立っているのかも、確認します。

自分の議論の前提を知っておかないと、その前提が成り立たない場合はどうなりますかと聞かれたら、絶句せざるをえない。相手がその場合のことも考えているのなら、相手の判定勝ちになってしまいます。

相手の前提と自分の前提が違っていて、どっちの前提が正しいとも言えない場合、議論は決着しなくなる。どちらの前提を取るかは、立場の違いということになります。

理性と価値

さて、論理の操作を行なうのが、理性（reason）です。

理性は、論理や数学のようなもの。万人に共通です。

いっぽう、理性と違うのが、価値です。

価値とは、大事なもののこと。人間にはみんな、大事にしているものがある。それを実現するように、それが壊されないように、行動しているのです。

価値について、少し考えてみましょう。

*

まず、価値（大事なこと）は、どこにあるのか。

モノには、大事なことはありません。機械にも、大事なことはありません。

モノや機械が大事に見えるとしたら、それは、人間がそれらを、大事にしているからです。モノや機械は、自分を大事だと思うことができない。

植物には、植物にとって大事なものがあります。太陽とか、水とか、養分とか。けれど植物は、太陽が大事だなと、思っていない。

動物にも大事なものがあります。養分とか、命とか。でも動物が、命を大切だと思っているか、聞いてみないとわからない。

さて、人間も動物です。でも、人間の特徴は、命が大事、仲間が大事、などと「思っている」ことです。それを自覚して、行動している。それを、言葉でしゃべっている。言葉があるおかげで、人間は、大事なもの（価値）を大事にする能力が、高まっているのですね。

*

じゃあ、大事なもの（価値）は、どこにあるか。

言葉の中にある。

命は、大事かもしれない。でも、「命は大事です」と言葉にして、認識して、行動に移したとき、命がほんとうに大事であることになる。

価値はこうした、人間の言葉と行動のなかにあるのです。

価値と知恵

そうすると、言葉には、ふたつの性質があることがわかります。

理屈を言う。そして、前提をのべる。

理屈とは、論理です。さっきの方程式を解くみたいに、理屈をのべることができる。

でも、理屈のなかには、価値はない。価値は、前提の中にあります。前提のなかに、大事なものが隠れています。うちの車はポンコツだから新車を買わなきゃ、という考えは、論理でできているように見えるけれど、その前提に、そのひとの価値が隠れています。わが家には車が必要だとか、ポンコツより新車のほうがいいとか。

前提を意識していれば、それをのべることができます。でも、すべての前提を意識はできないかもしれない。そもそも自分の前提を意識していないひとも多いかもしれない。

＊

さて、この価値は、ひとによって違います。ひとが違えば、考え方や行動が違ってくるのです。

価値（前提）が違えば、争いになるかもしれない。

争いを解決するのは、言葉です。

言葉を使わないなら、暴力です。暴力は、コストがかかるうえに、結果が不安定です。暴力で相手に言うことを聞かせたとしても、納得しているとは限らない。機会があれば、また争いになるでしょう。

社会は、暴力を極小にして、たいていの問題は、言葉で解決する。これを、知恵といいます。

＊

知恵は昔は、めいめいがわきまえていればよかった。社会が複雑になると、それが文字で書かれるようになった。本には、そういうことが書いてあります。よって、本を読んだひとほど、問題解決能力が高くなる可能性があります。本を読むことの効用ですね。

人びとの前提の、なにとなにが対立してるのかを、はっきり摑む。すると、どういう解決や妥協点があるかも、見えてくる。そう、期待できるのです。

前提は見つけたもの勝ち

議論の前提は、ふつう、意識しない場合が多い。だから、相手が自分の前提を話してくれるとは期待できない。

どんな議論にも、隠れた前提があるものと考えておくべきなんです。特に、争いを解決しようと思う場合には、そうしないといけない。

＊

本は、嚙みつきません。生きていないから。本には、考え方が詰まっているだけで、安全です。反論もしない。読み飛ばすこともできるし、無視することもできる。本を無視して、本などそもそも、読まない生き方もできる。

いっぽう、人間は口うるさいので、無視することができない。ずかずかやって来て、議論をふっかける。社会は、みなが生きていく場所です。相手が生きることと、自分が生きることは、無関係ではない。影響しあうから、必ず侵入されます。本とは違う。これには対応しないといけない。

＊

論争に先立って、まずやることは、分析。相手の前提を、明らかにすることです。なぜそう言うのか、だんだん理解できてくる。

相手の言いなりになりたくない場合、相手の前提を覆してみる。私は別の前提に立ちますよ、と。「はい、そうですか」ではない答えを自分で見つけたい場合、その前提を覆してみる。私は別の前提に立ちますよ、と。

論争は、前提を見つけたもの勝ち、みたいなところがあるのです。

前提が見つかる

では、そうした前提はどうやって見つけるのか？

気がつく。

LGBT、を例にあげてみましょう。

トイレに、「男」「女」とかいてある。前提があるようには、みえない。でも、釈然としないひとがいる。それなら、声をあげないと、世の中に男と女がいるのは当たり前で、問題がないことになってしまう。ちょっと待ってください。身体が女で心が男とか、その逆とかいうひとは、どっちに入ればいいのですか。声をあげるひとがいたから、隠れた前提が確認できた。

＊

社会には、いろいろな制度があります。制度は、人間が決めたものです。それぞれに、前提が隠れている。社会は、制度の塊です。こういう見方を、「構築主義」というのですね。構築主義は、行き過ぎると困るが、正しい面がある。

世の中には、いろいろな意見があります。意見にも、前提が隠れている。本人がその前提を、大事だと思っていても、根拠があるとは限りません。

大事なことには根拠がない

大事なことには根拠がない、という話をしましょう。

争いをなくしていく方法。誰だって何かが大事です。でも、大事なことには、階層がある。とても大事なことから、ちょっとした大事なことまで。

たとえば、子どもによい教育を受けさせたい。どの学校がいいか。でもそれは、だいぶ枝葉の、ぜいたくじゃないか。これがどうしても大事、という根拠はあやふやです。

どうでもよい大事なことではなく、とても大事なことがあるのではないか。

＊

そう思って、前提をどんどん遡っていくと、もう遡れないのは、「自分が人間で、命を与えられ、個人として生きています」ということ。それは、身体が生きていることです。身体は取り替えがきかない。臓器移植ぐらいはありうるのだが、やはり根底のところで、身体はひとりにひとつで、死ねばおしまいで、取り替えられません。

では、身体が生きているだけで、人間らしい生活かというと、そんなことはない。家族も大事。戦争のない平和な生活が大事。仕事も大事。教育も大事。文化や教養もあったほうがいい。連続的になっていて、ここが根本、ここが枝葉、と分けられない。

＊

派生的なことがらにこだわるのはよくない。仏教では、欲といいます。

でも、経済は、けっこう派生的なことがらで回っていたりする。流行とか。いろいろな争いも、わりに表層のところで起こる場合が多いのです。

人びとが大事だと思っている価値は、実はそんなに大事でないことがよくある。それなしで自分が生きて行けるかと考えると、たいていのものは、なしでも生きていける。根拠なしに、大事だと思っている。じゃあ、そうした枝葉を切り捨てて、ミニマムな生活を送るか。でも社会はけっこう、そうした枝葉で回っているのです。

エゴイストのAさん

根本が、ほんとに根本なのかという問題もあります。

自分の命、自分の健康が、唯一の根本的な価値だと考えたら、どうなるか。結局、自分は死んでしまう。いちばん大事だった、自分の身体が壊れて、なくなる。そうすると、残りの価値も、ガラガラと崩れてなくなってしまう。

『面白くて眠れなくなる社会学』という本にも書いたのですが、Aさんがいました。Aさんは、自分の命がいちばん大事なエゴイストで、他人の価値に関心がないニヒリストです。来年あたり死にそうになると、一年分の生活費を残して、残りはラスベガスで使ってしまいました。貯金が足りず、病院の費用が払えなくなっても、自分がいなくなったあとの世界は、存在しないのですから、責任もありません。借金は踏み倒せばよいのです。あとは野となれ、山となれ。

＊

でもこういう、Aさんみたいなひとは、滅多にいない。たいていは、葬式の費用を心配したり、子どもに遺産を残したりして、質素な晩年を送ります。

つまり、自分の命と同じかそれ以上に、他者の人生が大事だと思っている。社会はそうやって、人びとが支えあう場所です。それなら、価値は、互いを支えあうネットワークになる。それが、社会のノーマルな価値のあり方である。

＊

子どもを育てるのも、持ち出しみたいなものです。でも、何でそうするかというと、自分もそうやって育てられたから。命も、安心な子ども時代も、贈与のように与えられた。贈与を受けたらお返ししなきゃいけない。だから、エゴイストでは生きて行けない。

実は、本もそうしたものです。本の著者はとっくに死んでいる場合が多い。著者のいちばん大事な知恵を、他者に届けてくれている。本を読むと、その恩恵を受けるわけです。恩恵を受けたら、恩恵を返す。それが社会のルールです。そのことに、何の根拠もない。でも、みんながそうして来たのです。

価値はネットワーク

だから価値は、個人主義で、自己合理的にできてはいない。贈与や交換が、根底にあります。

贈与と交換のロジックは、「これは大事、なぜなら、みんなが大事にしているから」というもの。道徳も、法律も、芸術も、みんなが大事にしているから、大事である。その価値には、根拠がない。そう疑うことはできるが、疑ったところで、何も始まらない。身も蓋もないけれども、これが価値というものではないか。

すると、価値は、階層構造をもっているようにみえたが、根底のところでは、ネットワークです。それなら、あるひとの考え方や行動の前提を、残らずつきとめるのはそれなりにむずかしいことになります。

モーセの十戒

前提とは、それ以上の前提がないものをいいます。だから前提には、根拠がない。根拠のある前提は、そもそも前提ではない。

ユークリッド幾何学は、さまざまな定理を証明しますが、それらの定理は、それ自身は証明できない五つの公理から証明されていました。公理は、証明できません。証明できないが、端的に正しい、とされたのです。

価値の場合も、たぶんそういう、端的に正しいとするしかない前提があるのでしょう。その前提は、言葉で表せないかもしれない。そして、ネットワークみたいになっているかもしれない。

*

明確に言葉で書こうとすると、モーセの十戒みたいなものになる。殺すな、盗むな、親を敬え……。盗むな、とは、自分のために他人を犠牲にしてはならない、です。エゴイストでニヒリストは、いけないと言っている。親を敬え、は、自分のために犠牲を払ったひとのことを言っている。どちらも、社会の根幹です。

価値は、ユークリッド幾何学と違って、時代のなかで揺らいでいます。LGBTの例みたいに、あるとき発見される可能性もあります。人権も、あるとき発見された。価値は、複雑な構造をそなえている。どういう前提が大事で、どういう前提が大事でないか。さまざまな前提は、どういう関係になっているのか。両立できるか。ということを考えていくのが、いちばん大事です。

将来世代への責任

親を敬え、をひっくり返すと、将来世代への責任、になります。

地球環境を守ろう。なぜなら、将来世代を犠牲にしてはならないからです。

地球環境を守ることと、経済発展は両立しにくい。地球環境は、将来世代の利益。経済発展は、現在世代の利益だからです。親が子どもに責任があるように、現在世代は将来世代に責任がある。これが社会の基本ルールだと考えるなら、地球環境問題にコミットしなければならない。アメリカが、パリ協定を離脱するのは正しくない、ということになります。

とはいえ、こうした前提を認めない人びとも多い。足並みを揃えて行動するかわりに、際限のない論争が続きます。

選挙の仕組み

人びとの考えはさまざまでも、社会として、ある選択をする必要があります。そのための活動が、政治です。

政治はいま、民主主義のルールで行ないます。まず議論し、つぎに、投票するのです。これを、言論で行なう。争いを平和的に解決する仕組みです。

民主主義は、言論の自由が前提です。出版の自由も重要。どんな考えも、本に書くことができ、読むことができます。だからこそ、議論が深まります。

＊

選挙について、考えましょう。

選挙は、独裁ではない、ということです。独裁は、だれか一人が決めてしまう。議論は必要ない。それに対して、選挙は、みんなで決めるのです。

選挙は、候補者／選択肢が複数で、どれが選ばれるかわからない仕組み。投票するにはまず、複数の提案をよく読みます。特に、前提を読み取る。そして、前提（価値）が一致するものに投票します。

これでよいのですが、実際には、簡単ではありません。

非合理な選択肢

まず、選択肢のなかに、非合理なものもあるからです。

ある候補が、減税と、福祉の充実を訴えています。

減税！　私は賛成です。税金が安くなるし、税金のムダもなくなります。

福祉の充実！　私は賛成です。援助を必要とする人びとに、公的サーヴィスを提供すべきです。

ばらばらに考えると、そうなる。けれども、組み合わせるとどうか。福祉に費用がかかるので、財源が足りないのではないでしょうか。

合理的な政策としては、減税＋福祉カット、か、増税＋福祉充実、かどちらかしかないのです。減税＋福祉充実、を訴えるのは、候補者がなにも考えていないか、有権者を騙しているのか、どちらかです。非合理な選択肢はそもそも、選択肢のうちに入りません。

投票の逆理

では、合理的な選択肢だけになったら、問題はないのか。

有権者がしっかり政策を研究し、選択肢に順番をつけているとします。政策は、実行可能な、赤イズム、白イズム、黒イズムの三つ。有権者は三人だとする。ところが選挙をすると、一人ひとりは合理的なのに、全体では不合理が生じてしまう。これを発見したのはフランスの啓蒙思想家コンドルセ。「投票の逆理（voting paradox）」として知られている現象です。

有権者Aさんは、赤イズム＞白イズム＞黒イズムの順番に、望ましいと思っている。Bさん、Cさんも、表にあるように、望ましいと思っている。

そこで、投票をしてみます。赤と白では、2対1で赤。白と黒では、2対1で白。よって、社会全体では、赤イズム＞白イズム＞黒イズム、の順番になりそうですが、試しに、赤と黒で投票してみると、2対1で黒、となって、循環が生じ

【有権者】

Ⓐ赤イズム＞白イズム＞黒イズム
Ⓑ白イズム＞黒イズム＞赤イズム
Ⓒ黒イズム＞赤イズム＞白イズム

【投票】

1）赤と白⇒2：1で赤＞白
2）赤と黒⇒2：1で黒＞赤
3）黒と白⇒2：1で白＞黒

てしまう。選択肢が、望ましい順番に一列に並ばないので、社会全体では合理的な決定ができないのです。

*

これは、たまたま見つかった困った実例ではありません。二〇世紀、経済学者のアローは、投票の逆理を一般化して、民主的な投票では必ずこうしたパラドックスが起こることを証明しています（『社会的選択と個人的価値』）。

人間が間違う、のに加えて、人間が正しく行動した場合でも、制度が間違う。二重三重に、この世界は不完全なのです。

世界の主人公になる

この世界の不完全さを、学問は取り払うことができない。

でも、本で学ぶことで、この世界が不完全であることと、その理由を理解することができます。

まず、民主主義ならすべてうまくいく、と思わないほうがいい。民主主義のよいところは、独裁でないという点だけです。決定の質が、独裁よりましなわけではない。でもそれが、自分の下した決定だからと、結果を引き受けることができるのです。

独裁国家だったら、不条理な世界を生きている感覚に苦しめられる。どんな悪い結果もみんな独裁者のせいにし、恨みながら一生を送ることになるでしょう。民主主義なら、どんな悪い結果も、自分のせいです。その責任をとりながら、誇りある一生を送ることができる。

これは大きな違いです。自分の考えや行動と、世界とがつながっているという感覚をもつことができるから。病気になったら、医師の説明を受け、同意しながら治療を進める、インフォームド・コンセントという考え方があります。病気とともに生きている、自分がその主人公であるという誇りを大事にする。社会も、さまざまな不都合（病気のようなもの）を抱えています。それに悩み苦しみながらも、自分がその主人公であると考えられることが大事です。

＊

本を読むとは、社会のさまざまな不都合を、医師のように診断し、処方箋を書く力をつけることです。自分の人生の、誇りある主人公になることです。

実践篇

終章

情報が溢れる現代で、学ぶとはどういうことか

自分中心の世界

コンピュータのネットワークは、便利で、いろいろなことができます。が、三つほど、まずい点があります。

まずい点の第一。中心がない。

中心がない。ということは、明確な発信者がいない。責任がない、ということです。誰かがメッセージを送っているのではないから、そこからは何も伝わってこない。

＊

中心がないのなら、自分を中心にするしかありません。

たとえば、今晩のおかずを何にしようか、考える。クッキング・サイトをのぞくと、レシピの提案がいくつも載っている。たまたま特売のサーモンを買って帰ってきた。検索すれば、サーモンの料理がいくつも出てくる。

情報は中心も秩序もないのだけれど、検索をかけるということは、結局、私がそれを使って何かをしたいということ。自分中心の秩序を、画面に表示させるということです。

これを、みんながせっせとやっている。アニメが好きなひとはアニメ。サッカーが好きなひとはサッカー。それがお互いに、邪魔しないで矛盾なく共存している。ほかのひとがなにに関心を持とうと、自分はこれに関心をもつ。他者がいなくて、自分だけがいるかのような世界。

でも、他者なしに、人間は生きていません。情報も、他者が生み出しているんだけど、その他者の影はもう見えなくなっている。情報は、本でもないし、口うるさいおじさん・おばさんでもない。どっちでもない。これがいちばん、まずい点です。

情報から価値を学ぶことはできない

まずい点の第二。データでできている。

データは、つまり情報です。メッセージじゃなくて、責任がない。

第六章でのべたように、メッセージは前提がある。その前提には、そのひとの価値観が隠れている。メッセージを受け取った側は、それに対する態度を取ることを迫られます。

子どもが最初に出会うのは、親。親は情報ではありません。生きているおじさん・おばさんで、こうしろ、ああするな、と迫ってくる。子どもは、それと関係をとりながら、生きていく。それから、幼稚園や学校に行って、もっとおおぜいの大人に出会う。ここでいちばん大事なのは、ある価値、ある態度をそなえた他者がいる、ということです。

情報は、そうじゃない。他者の脱け殻みたいなものです。アニメに人間みたいなものが出てきても、ただの他者のイメージだから、態度を明確にしなくてもいい。自分は傍観者でいられる。

結論。情報の中には、価値がない。情報から、価値を学ぶことはできない。価値は、自分が生きていくのに、何かを選び、何かを捨てるという選択のこと。必ずコストがかかります。そういう構造が、情報にはない。情報は原則タダだから。

ネットの中に未来はない

まずい点の第三。現在に縛られている。

ネットの情報は、いま電源が入っているコンピュータをつないだだけのものです。将来のコンピュータとは、つながるすべがない。ネットの中に、未来はありません。

＊

過去があり、現在があるとしても、将来はあるのでしょうか。

将来は、まだ起こっていない出来事だから、そもそも起こるかどうかわからない。将来はどこにもない、とも言えます。懐疑論哲学は、五分後の自分も、いるかどうかわからない、と言います。

でも、世の中では、将来はあることになっている。学校は年間のカリキュラムを立てて授業を進め、企業は三年後の黒字を目指し、勤労者は万一に備えて生命保険に入る。人びとの行動は、将来が確実に存在することを、前提にしています。ゆえに、将来は存在するのです。

このように、将来は、人びとの態度のなかにあります。

＊

では、将来がどのようであるか、知ることができるか。

将来が、過去～現在の単なる延長なら、予測は容易だ。一昨年が12、昨年が13、今年が14なら、来年は15……。だが、このやり方は、時間が先になるほど、たちまち不確かになってしまう。

将来になっても変化しないものは、なんでしょうか。それは、人びとの態度。人間の考え方や行動様式や価値観は、急には変わらないものなのです。そこで、これを定数とおいて、ほかの変数を予測する。このやり方だと、何十年も先の、長期的予測ができます。

こういう予測は、コンピュータにはできません。本を何冊も読んで、人びとの態度や価値観に詳しくなった誰かが、予測できるだけ。情報に頼っているだけで、本を読まないと遅れをとってしまいます。

情報よりも本

本には、情報にはない、メッセージがあります。この社会を生きている（いた）、おじさん・おばさんが命を削り、コストを払って、その本を届けてくれています。著者の人間を通り抜けたメッセージで、そこには価値が含まれています。

＊

たとえば、ある文学作品があるとしましょう。主人公が、こうなって、ああなった。その作品を、著者はなぜ書いたのか？　よくあるストーリーかもしれません。でも、ほんとうによくあるストーリーだったら、わざわざ作品にする必要はないのではないか。その著者にとって、いままで読んだことがない、でも自分が生み出した、この世界でたったひとつの大事な作品です。その作品でなければ伝えられないことがあると考えて、書いている。

さて、作品のなかに、この作品はこういうことを言いたいのです、と説明してありません。説明してしまえば、作品とは言えなくなってしまう。作品を読んだら、自然にわかるようになっている。作品以外のかたちで、伝えられるのなら、作品は書かなかった。

その作品を読むと、その作品のことがわかる。作品をうみ出した著者や価値観や時代背景についても、いろいろ伝わってくる。作品を前にした私の思いや価値観についても気づかされる。

文学作品の例をあげました。思想や哲学や、片づけの本でも、別にかまいません。人間はこう生きたらどうだろうという、メッセージが確かにそこにある。

＊

もっとも、いま、本と情報は、分かちがたく絡みあって存在しています。はっきり区別しにくい。著者も校閲係も、確認のため、ウェブを参照するのですから。

それでも、本は、情報に還元できない生命をもっています。なぜならそれは、生身の人間が、かたちを変えたものだから。人間と付き合っていくように、本と付き合う。それこそ、「正しい本の読み方」なのです。

プロが書く本

本は、人間のようなものだと言いました。

人間にも、友だちになりたいひともいれば、二度と顔を見たくないひともいます。それが世のつねです。本も、同じようなものなのか。

＊

友だちと本が違うとすれば、友だちはプライベートなものなのに、本は「公共」のものだということです。

本は、著者がいなければ、書かれません。

本を書くには、かなりの準備と、エネルギーが要ります。スキルも要ります。片手間で本を書くわけには行きません。そこで、私は本を書くのだ、書きたいことがあるのだ、と決意し覚悟して、本を書くひとが出てきます。本を書くプロです。

本を書くプロは、いわゆる学者が多い。けれども、学者に限らない。小説家も、エッセイストも、本職があって副業で書くひとも、本を書くプロです。

本を書くプロは、人数が少ない。本を読む人びとのほうが、人数が多い。この関係は、プロのスポーツ選手は人数が少なく、プロスポーツを観戦する人びとのほうが、人数が多いのと、似ています。

頭を公共のために使う

本が「公共」のものなのは、なぜか。

それは本が、言葉で書かれているからです。

言葉ははじめ、誰かの頭のなかみ（プライベートなもの）なのですが、それが文字に書かれ、本として発表されると、誰でも読むことができます。ここは賛成、ここは反対、と議論したり、感想をのべたり、話題にしたりできます。著者の知り合いでなくても、友だちでなくても、誰でもアクセスできる。それが、「公共」ということです。

＊

そこで、私流に、学者を定義してみましょう。

学者とは、自分の頭を、公共のために使うと決めて、修練を積んでいる、プロの本の書き手です。

学者の頭は、公共のものですから、むやみにプライベートな情報を頭に入れたり、どうでもよいことを考えたりしているひまはありません。ちょうどイチローが身体の修練を重ねて、パフォーマンスを維持しているように、学者は、クオリティの高い言葉をうみ出そうと工夫しているのです。

こんな学者がどの時代にもおおぜいいて、一定水準の本をうみ出しています。だから、本は「頭の栄養」になるのです。

＊

本は、言葉の性能を最大限に発揮して、たくさんの読者に、意味や価値のヒントを提供する仕組みです。読者はそこから、この世界を生きる意味や価値について、こうも考えられるという示唆を受け取ります。なんとすばらしい仕組みでしょう。

そんな著者と、友だちになるかどうかは、読者の自由です。

ひとつ、本のよい点。プライベートに友だちになるには、人数に限りがあり、時間や費用も少しはかかります。けれども、著者を友だちにするのに、著者の許可はいりません。読者が勝手に、著者は自分の友だちだと、宣言すればよろしい（しかも著者が、性格が悪かったり、酒飲みだったり、ケチだったり、品行方正でなかったりしても、なんの迷惑も被りません）。

そうやって、著者の友だちをだんだん増やしていく。これが読者の、「秘かな愉《たの》しみ」でなくてなんでしょう。

おわりに

本の時代は、終わるのだろうか。

スマホやタブレットが行き渡り、電子書籍も増えている。本書も、紙の本とKindle版の両方で、発売になっている。

紙の本の、よくないところはどこだろう。
・場所をとる。……一冊ずつは、小さくみえるが、何十冊も集まると、かさばる。しかも重い。ワンルームの下宿で暮らす学生諸君には、頭痛のタネだ。
・値段が高い。……新書や文庫でも、ランチ一食の値段。ハードカバーの単行本は、もっと値が張る。本をどしどし買うのは、贅沢である。
・古本が売れない。……古書店が少なくなった。古書が売れないからだ。古い本や雑誌は資源ゴミとして捨てるしかない。
・おしゃれでない。……本は、時間がたつと、変色して、変な臭いがする。インテリアにならない。
・検索ができない。……電子書籍は、検索ができるので、キーワードで見つけたい箇所を探すことができる。紙の本だと、それができない。

この調子だと、電子書籍はますます増えていくだろう。

電子書籍は、印刷しなくてもよいので、本の流通が革命的に変化する。紙の本を陳列する書店も、やがて時代遅れになりそうだ。

＊

それでも、本は本である。

書き手がいて、読み手がいる。書き手が、アイデア（言いたいこと）を字に書いて、不特定の読み手に伝える。媒体が紙でも、電子情報でも、このことは変わらない。字がある限り。字を書き、読むひとがいる限り。

本の書き手は、みんな、過去の書き手に触発されてきた。書き手→書き手→書き手→……の連鎖がある。本の、歴史と伝統である。本の歴史と伝統こそ、人類の文化（の主要な部分）だと言ってよい。

電子媒体に乗りそこねて、読まれなくなる本も多いだろう。けれども、大事な本（クラシックス）は、それでも読まれ続ける。

＊

本書は、本を読むことの、喜びと楽しみと、ひとかけらの厳しさと、を伝えることを目的にしている。こんな時代だからこそ、クラシックスに目を向け、クラシックスに刺戟《しげき》されつつ時代を前に進めて行こう、と訴えている。

スマホやゲームに時間やお金を取られすぎず、みんながもっと、本を読んでほしい。みんなが本を読まないと、出版社が立ち行かない。編集者が減り、書き手が育たなくなる。人類の文化が、立ち枯れてしまう。本を読むことは、人類の文化に水をやり、肥料をやって、樹木を大きく育てることになるのだ。

＊

〝正しい本の読み方〟がある。そう思いませんか、と私に問いかけて、本書の執筆を勧めてくれたのは、講談社現代新書の青木肇編集長と、担当の米沢勇基氏である。

そうですね、と軽い気持ちで引き受けた。とりかかってみると、このテーマの大きさと重さと奥行きがみえてきた。その昔の教養主義とはひと味もふた味も違った、いまの時代の「正しい本の読み方」を、提案したいと思った。

原稿の整理や、図版のまとめ、さまざまな編集作業を手際よく進めてくれた、青木肇氏と米沢勇基氏に感謝したい。

＊

本書が、本を読みたいが、読みあぐねている、多くの読者の手助けになれば、とても嬉しいと思う。

二〇一七年八月

橋爪大三郎

N.D.C.375.8　256p　18cm
ISBN978-4-06-288447-1

講談社現代新書　2447

正《ただ》しい本《ほん》の読《よ》み方《かた》

二〇一七年九月二〇日第一刷発行　二〇二三年七月五日第五刷発行

著　者　橋爪大三郎《はしづめだいさぶろう》

発行者　鈴木章一
発行所　株式会社講談社
東京都文京区音羽二丁目一二—二一　郵便番号一一二—八〇〇一
電　話　〇三—五三九五—三五二一　編集（現代新書）
〇三—五三九五—四四一五　販売
〇三—五三九五—三六一五　業務
装幀者　中島英樹
印刷所　株式会社ＫＰＳプロダクツ
製本所　株式会社ＫＰＳプロダクツ
定価はカバーに表示してあります　Printed in Japan

「講談社現代新書」の刊行にあたって

教養は万人が身をもって養い創造すべきものであって、一部の専門家の占有物として、ただ一方的に人々の手もとに配布され伝達されうるものではありません。

しかし、不幸にしてわが国の現状では、教養の重要な養いとなるべき書物は、ほとんど講壇からの天下りや単なる解説に終始し、知識技術を真剣に希求する青少年・学生・一般民衆の根本的な疑問や興味は、けっして十分に答えられ、解きほぐされ、手引きされることがありません。万人の内奥から発した真正の教養への芽ばえが、こうして放置され、むなしく滅びさる運命にゆだねられているのです。

このことは、中・高校だけで教育をおわる人々の成長をはばんでいるだけでなく、大学に進んだり、インテリと目されたりする人々の精神力の健康さえもむしばみ、わが国の文化の実質をまことに脆弱なものにしています。単なる博識以上の根強い思索力・判断力、および確かな技術にささえられた教養を必要とする日本の将来にとって、これは真剣に憂慮されなければならない事態であるといわなければなりません。

わたしたちの「講談社現代新書」は、この事態の克服を意図して計画されたものです。これによってわたしたちは、講壇からの天下りでもなく、単なる解説書でもない、もっぱら万人の魂に生ずる初発的かつ根本的な問題をとらえ、掘り起こし、手引きし、しかも最新の知識への展望を万人に確立させる書物を、新しく世の中に送り出したいと念願しています。

わたしたちは、創業以来民衆を対象とする啓蒙の仕事に専心してきた講談社にとって、これこそもっともふさわしい課題であり、伝統ある出版社としての義務でもあると考えているのです。

一九六四年四月　野間省一

哲学・思想Ⅰ

哲学・思想Ⅱ

13 論語——貝塚茂樹
285 正しく考えるために 岩崎武雄
324 美について——今道友信
1007 日本の風景・西欧の景観——オギュスタン・ベルク 篠田勝英 訳
1123 はじめてのインド哲学 立川武蔵
1150 「欲望」と資本主義——佐伯啓思
1163 「孫子」を読む——浅野裕一
1247 メタファー思考——瀬戸賢一
1248 20世紀言語学入門 加賀野井秀一
1278 ラカンの精神分析——新宮一成
1358 「教養」とは何か——阿部謹也
1436 古事記と日本書紀 神野志隆光
1439 〈意識〉とは何だろうか 下條信輔
1542 自由はどこまで可能か 森村進
1544 倫理という力——前田英樹
1560 神道の逆襲——菅野覚明
1741 武士道の逆襲——菅野覚明
1749 自由とは何か——佐伯啓思
1763 ソシュールと言語学——町田健
1849 系統樹思考の世界——三中信宏
1867 現代建築に関する16章 五十嵐太郎
2009 ニッポンの思想——佐々木敦
2014 分類思考の世界——三中信宏
2093 ウェブ×ソーシャル×アメリカ 池田純一
2114 いつだって大変な時代——堀井憲一郎
2134 いまを生きるための思想キーワード——仲正昌樹
2155 独立国家のつくりかた 坂口恭平
2167 新しい左翼入門——松尾匡
2168 社会を変えるには——小熊英二
2172 私とは何か——平野啓一郎
2177 わかりあえないことから 平田オリザ
2179 アメリカを動かす思想 小川仁志
2216 まんが 哲学入門——森岡正博 寺田にゃんこふ
2254 教育の力——苫野一徳
2274 現実脱出論——坂口恭平
2290 闘うための哲学書——小川仁志 萱野稔人
2341 ハイデガー哲学入門 仲正昌樹
2437 ハイデガー『存在と時間』入門——轟孝夫

宗教

27 禅のすすめ——佐藤幸治
135 日蓮——久保田正文
217 道元入門——秋月龍珉
606 「般若心経」を読む——紀野一義
667 生命《いのち》あるすべてのものに　マザー・テレサ
698 神と仏——山折哲雄
997 空と無我——定方晟
1210 イスラームとは何か——小杉泰
1469 ヒンドゥー教　クシティ・モーハン・セーン　中川正生 訳
1609 一神教の誕生——加藤隆
1755 仏教発見！——西山厚
1988 入門 哲学としての仏教　竹村牧男

2100 ふしぎなキリスト教——橋爪大三郎 大澤真幸
2146 世界の陰謀論を読み解く——辻隆太朗
2159 古代オリエントの宗教　青木健
2220 仏教の真実——田上太秀
2241 科学 vs. キリスト教——岡崎勝世
2293 善の根拠——南直哉
2333 輪廻転生——竹倉史人
2337 『臨済録』を読む——有馬頼底
2368 「日本人の神」入門——島田裕巳

Ⓒ

心理・精神医学

日本史Ⅱ

2319 昭和陸軍全史3 —— 川田稔
2328 タモリと戦後ニッポン 近藤正高
2330 弥生時代の歴史 — 藤尾慎一郎
2343 天下統一 —— 黒嶋敏
2351 戦国の陣形 —— 乃至政彦
2376 昭和の戦争 —— 井上寿一
2380 刀の日本史 —— 加来耕三
2382 田中角栄 —— 服部龍二
2394 井伊直虎 —— 夏目琢史
2398 日米開戦と情報戦 — 森山優
2401 愛と狂瀾のメリークリスマス 堀井憲一郎
2402 ジャニーズと日本 — 矢野利裕
2405 織田信長の城 —— 加藤理文
2414 海の向こうから見た倭国 高田貫太
2417 ビートたけしと北野武 近藤正高
2428 戦争の日本古代史 — 倉本一宏
2438 飛行機の戦争 1914-1945 —— 一ノ瀬俊也
2449 天皇家のお葬式 —— 大角修
2451 不死身の特攻兵 —— 鴻上尚史
2453 戦争調査会 —— 井上寿一
2454 縄文の思想 —— 瀬川拓郎
2460 自民党秘史 —— 岡崎守恭
2462 王政復古 —— 久住真也

日本語・日本文化